크리에이터의 시대
2019
SNS
트렌드를
읽 — 다

크리에이터의 시대

2019
SNS
트렌드를
읽─다

크리에이터의 시대

2019
SNS
트렌드를
읽 — 다

정진수 지음

천그루숲

4차산업혁명, 인공지능, 인플루언서, 도달율 … 수많은 새로운 용어들이 지금의 시대를 이야기한다. 데이터는 계속 생성되고, 기계는 학습을 시작한다. 2016년 인간과 기계 간 세기의 바둑 대결에서 인공지능인 알파고가 이세돌을 4승 1패로 이겼다. 세상이 경악했다. 한 번도 겪어보지 못했던 일들이 일어나고 있고, 상상만 했던 것들이 현실에서 이루어지고 있다.

요즘 아이들은 걷기 시작하면서 유튜브를 보며 자란다. 주변에서 아이들이 핸드폰으로 유튜브를 보는 장면은 이제 흔하게 볼 수 있다. 이러한 변화들이 우리의 삶에 얼마나 많은 영향을 끼칠 것인가? 스마트폰이 이제는 사람의 홍채와 지문을 인식하고, 얼굴과 목소리를 인식하고 나와 대화하기 시작했다. 불과 몇 년 전까지만 해도 상상하지 못했던 일들이다.

사람들은 IT가 세상을 각박하게 하고, 사람들을 더 개인주의로 만들고, 보여지는 삶을 조장한다고 걱정한다. 분명 우리 모두 어느 정도 동의하는 부분이다. 하지만 이미 세상은 그렇게 변했고, 앞으로 그 속도는 더욱 빨라질 것이 확실하다. 그렇다면 시대의 흐름을 존중하고 이해하고 준비하는 것이 더 현명하지 않을까?

   변화의 속도는 너무나도 빠르고, 이에 따라 새로 생기는 직업과 없어지는 직업이 늘어나고 있다. 이런 시대에 살고 있는 우리는 평생을 배우며 살아야 한다. 하지만 너무나 빠르게 변하기 때문에 구체적으로 무엇을 배워야 할지 알지 못한다. 다만 계속해서 배워야 한다는 것과 IT는 지속적으로 더욱 더 성장할 것이라는 현실을 인정하고 받아들여야 한다.

   이 책은 3년 뒤 5년 뒤의 모바일 트렌드를 이야기하고자 하는 것이 아니다. 너무나 급박하게 변하는 SNS 현실에서 3년 뒤의 트렌드를 읽는다는 것은 거의 불가능하며 사실 크게 의미도 없다. 과거가 모여 오늘이 되고, 오늘이 모여 내일이 되기에 오늘에 대해 확실하게 분석을 하는 것이 먼저이고, 그것을 통해 바로 내일을 예측하는 것이 중요하다.

   나는 미래를 예측하는 직업을 가진 것도 아니고, 뛰어난 선구안을 가지지도 않았다. 다만 모바일에서 이용할 수 있는 대부분의 SNS 채널을 열심히 운영하며 팔로워 수 50만명을 보유하고 있고, SNS 관련 4권의 책을 내면서 배운 인사이트와 지난 6년 동안 브랜드컨설팅, 온라인마케터로서 쌓은 경험을 이 책에 담았다. 내가 관찰한 것들을 토대로 흐름을 발견하고, 그 흐름의 트렌드를 정리해 〈2019 SNS 트렌드를 읽다〉를 여러분께 선보인다.

　이 책이 나오기까지 자료 수집에 도움을 준 'SNS 국가대표팀' 식구들과 특히 감성컴퍼니의 김재은 팀장에게 고마운 마음을 전하며, 이 책을 통해 2019년 SNS 마케팅을 준비하는 모든 이들에게 조금이나마 도움이 되기를 진심으로 바란다.

정진수

PART 1

대한민국을
강 타 한
S N S

1. 스마트폰 보급률 1위, 대한민국

아이폰 출시 10년, 모바일 전성시대가 도래했다

····▶

우리가 아침에 눈을 뜨며 가장 먼저 하는 것 중 하나가 스마트폰의 알람을 끄고, 바로 SNS의 댓글과 카톡 메시지를 확인하는 일이다. 식사를 하면서도 스마트폰으로 영상을 시청하며 스마트폰으로 하루를 시작한다. 그리고 출근길에는 스마트폰으로 다른 사람의 SNS 피드 및 뉴스 등을 확인한다. 궁금한 정보나 특별한 고민이 생겼을 때에도 지인들에게 물어보지 않고 바로 스마트폰의 녹색창에서 답을 찾는다. 심지어는 연인과 헤어졌을 때의 극복방법, 연인에게 사랑을 고백하는 방법 등 감정에 대한 부분까지도 온라인에서 질문을 하고 있는 현실 속에 우리는 살고 있다.

"오늘 스마트폰을 몇 번 보았는지 셀 수 있습니까?"

지금 이 책을 보는 분들에게 물어보고 싶다. 물론 상황에 따라 다르겠지만, 대다수는 절대 답할 수 없는 질문이다. 세상이 변했다. 10년이면 강산도 변한다고 했지만 이제 그 말은 바뀌어야 한다. 3년, 5년이면 세상이 변한다. 아이폰이 세상에 나온지 이제 10년밖에 되지 않았지만 스마트폰은 우리의 삶을 송두리째 바꾸어 놓았다. 역사상 유례없는 기술의 발전으로 인해 우리의 생활패턴이 바뀌고 있다. 집에서 종이신문을 구독해 보는 집이 몇이나 될까? 은행 창구에서 돈을 찾고, 텔레뱅킹으로 돈을 송금하던 우리의 예전 모습이 기억나는가? 정말 세상이 빠르게 변하고 있다. 바야흐로 모바일 전성시대가 온 것이다.

　전 세계 수많은 국가 중에서 대한민국이 1등을 하는 것이 있다. 바

한국, 인터넷·
스마트폰
보급률 1위

로 스마트폰 보급률이다. 우리나라의 스마트폰 보급률은 94%로 세계 1위이다. 또 피처폰 보급률은 6%로, 전 세계에서 휴대전화 보급률이 100%인 나라는 한국뿐이다.

중장년층의 SNS 이용시간이 증가하고 있다

···▸

초·중·고등학생 중에 스마트폰이 없는 학생을 찾기 어려울 정도로 이제 스마트폰은 필수불가결한 물건이 되었다. 이런 시대적 흐름에 따라 스마트폰에 할애하는 시간 및 비중이 늘어나고 있다.

1980년대 초반부터 2000년대 초반에 출생한 세대를 밀레니얼 세대라고 한다. 이들은 기술이 급속도로 발달한 사회에서 태어난 첫 세대로, 어린 시절부터 인터넷과 스마트기기를 사용하여 정보기술(IT)에 능통하다. 이들에게서 모바일과 SNS를 떼어놓고 논하기 힘들다. 밀레니얼 세대는 하루 평균 237번 스마트폰을 확인한다고 한다고 하니 스마트폰 없이는 생활하기 힘든 지경에 이르렀다. 하루 종일 스마트폰으로 검색을 하고, 목적지를 가기 위해 지도를 찾고, 음악을 듣고, 약속을 잡고, 은행 업무를 보고, 새로운 정보를 습득한다.

밀레니얼 세대를 먼저 이야기했지만 스마트폰 보유율은 10대보다 40~50대 중장년층들이 더 높다. 정보통신정책연구원(KISDI)의 '중장년층의 스마트미디어 보유 및 활용' 보고서에 따르면 40~50대의 스마트폰 보유율은 93.6%로 10명 중 9명 이상이 사용하고 있다. 이들은 스마트 기기로 신문이나 뉴스를 보는 비율이 상당히 높고, SNS 이용시간도 지속적으로 늘어나고 있다. 중장년층의 SNS 이용률은 2014년 33.0%에서 2016년 43.7%로 10.7%p나 증가했다. 이러한 증가율을 볼 때 청소년뿐만 아니라 중장년층의 SNS 이용 및 활용에 따른 콘텐츠를 준비할 필요가 있어 보인다. 바야흐로 SNS 시대라는 것을 실감할 수 있다.

40~50대가
올드세대라고?

참고로 2018년 모바일에서의 인터넷 이용시간은 주중·주말 모두 3시간 이상을 사용하고 있으며, 20대의 이용시간이 가장 길다. 그리고 10~30대에서는 모바일을 이용한 동영상 시청이 많으며, 출근·등교 및 점심시간에 이용량이 소폭 상승하지만 오후 5시 이후에는 지속적으로 증가 패턴을 보이고 있다.

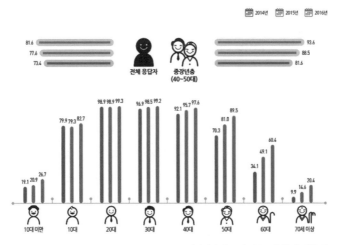

〈연령대별 스마트폰 보유율 추이(출처 : KISDI)〉

2. 2018년 SNS 트렌드 분석

이처럼 우리 생활 깊숙이 들어와 있는 SNS, 먼저 2018년 대한민국을 강타한 SNS 트렌드를 살펴보고 글로벌 SNS 이슈도 함께 알아보자.

키워드로 보는 2018 SNS

···▶

2018년은 상반되는 키워드가 돋보이는 한 해였다. #허세, #있어빌리티(남들에게 있어 보이게 하는 능력을 뜻하는 신조어), #탕진잼(소소하게 탕진하는 재미를 일컫는 말), #가심비(가격 대비 마음의 만족을 추구하는 소비형태) 등 상반되는 소비형태를 나타내는 키워드 트렌드가 눈에 띄었다.

사람들은 불경기가 계속되면서 답답한 마음을 작은 사치를 통해 해소하고 그 행복을 SNS에 자랑하듯 올리기 시작했다. 그렇게 올린 일상이 누군가에게는 그 제품이 홍보가 되며 구매를 자극했고, 이를 통해 SNS 내에서 제품을 구매하는 행위가 일어나기 시작했다. 기존 광고채널(TV, 라디오, 신문 등)이 사람들에게 외면을 받게 되고, 새로운 구매채널로 SNS가 각광받게 되었다.

1세대 SNS라고 불리우는 싸이월드 등에서는 제품 구매가 일어나는 경우가 많지 않았고, 판매하려는 사람도 많지 않았다. 당시에는 사람들이 제품을 구매하려고 SNS를 하는 것이 아니었기 때문이다. 하지만 시간이 지나 SNS는 빠르게 진화해 실제로 SNS상에서 제품을 구매하는 사람들이 나타나기 시작했고 지금은 그게 자연스러워졌다.

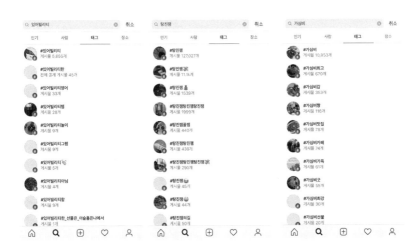

〈있어빌리티, 탕진잼, 가심비〉

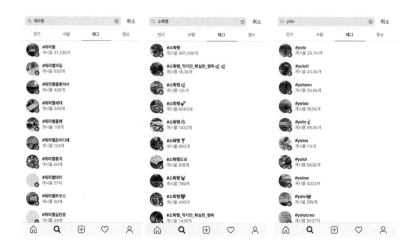

일주일에 52시간까지만 일하는 제도가 시행되면서 여가시간에 대한 활용과 본인이 좋아하는 행복을 찾는 고민이 시작되었다. 이에 따라 위의 키워드와는 성격이 다른, 개인의 소소한 행복을 추구하는 라이프스타일 관련 용어들이 많이 생겨났다. #워라밸(일과 삶의 균형), #소확행(작지만 확실한 행복), #YOLO(현재 자기의 행복을 가장 중시하고 소비하는 태도) 등 균형과 행복이란 단어가 사람들의 마음을 흔들었고 SNS 내에서 다양한 형태로 나타나고 있다.

이렇게 사람들이 SNS를 통해 자신의 생각을 표현하고 나타내는 것이 점점 일상이 되고 있는 지금, 새로운 트렌드와 그 흐름을 읽는 데 있어 SNS의 해시태그 개수는 이제 중요지수가 되었다. 예전에는 혼자 마음속으로만 생각하거나 내 의견을 표출하는 것을 꺼려 했지만, 이제는 사진이나 글로 본인의 생각을 표현하는 것이 아주 자연스럽고 익숙해졌다. 이처럼 SNS는 우리의 삶을 관통하고 있으며, 여러 가지 신조어까지 만들어 내며 새로운 문화로 확실하게 자리잡고 있다.

채널로 보는 2018 SNS

⋯→

1) 연령별 SNS 채널 현황

10~20대는 페이스북과 인스타그램이 근소한 차이로 1, 2위를 차지했다. 특히 카카오톡보다 페이스북 메시지가 편하다는 10대만의 특징적인 부분도 볼 수 있다. 여기서 특이한 채널은 4위를 차지한 '에브리타임' 앱이다. 앱 분석업체 와이즈앱이 발표한 자료에 따르면 대학교별 커뮤니티 서비스인 에브리타임은 페이스북과 캐시슬라이드 앱을 제치고 앱스토어 소셜네트워크 부문 1위, 전체 무료 앱 순위 1위를 달성하기도 했다.

> 에브리타임에 가입한 대학생은 약 285만명이다. 에브리타임에서 만들어진 시간표 1,171만개, 강의평·시험정보 82만건, 작성된 게시물 3억 106만개에 달하는 국내 1위 대학생 필수 앱이다. 20대 대학생들만의 커뮤니티로 2010년에 간편 시간표 기능으로 시작을 했으며 그 후 익명 커뮤니티 기능, 학교 식단, 도서관 잔여석, 강의평가 등으로 대학생 사이에서는 필수 앱으로 입소문이 나며 다운로드 수가 급증했다.

30~40대는 밴드와 카카오스토리 등 국내 SNS를 선호하는 것으로

나타났는데, 자세히 들여다 보면 30대 초반까지는 10~20대와 SNS 사용패턴이 많이 겹치고, 30대 중반 이후부터 동창·동문회의 바람을 일으킨 커뮤니티 기반인 밴드와 국내 토종 SNS인 카카오스토리의 사용량이 상당히 크게 증가하고 있다.

그리고 50대 이상은 40대와 비슷하게 밴드와 카카오스토리의 사용량이 많다. 특히 50대 이상에서 페이스북과 인스타그램 사용량이 계속적으로 늘어나고 있는데, 비즈니스와 자녀와의 소통 등 다양한 활용 때문에 계속 증가할 것으로 예상된다.

2) 점유율별 SNS 채널 현황

2018년 상반기 우리나라의 SNS 앱 사용량을 보면 연령층별로 사용하는 어플의 차이가 많이 났다. 1020세대에서는 페이스북이 가장 많았고, 그 뒤를 인스타그램이 바짝 쫓고 있다. 3040세대에서는 밴드와 카카오스토리가 많은 사용량을 가지고 있다. 이 중 특히 인스타그램은 현재 나홀로 지속적으로 성장 중이니 관심있게 지켜볼 필요가 있다. 그럼 각각의 앱의 특징을 살펴보자.

우선 밴드의 점유율은 군건하다. 30대 이상의 남녀 사용자에게 꾸준하게 인기를 얻고 있는 채널로, 워라밸과 자기계발 등의 바람을 타고 동호회·소모임 등이 활발해지면서 더 인기를 끌고 있다.

페이스북은 늘 상위권에 포진하고 있는 SNS이다. 개인정보 유출이나 가짜뉴스 등의 이슈가 있지만, 그럼에도 불구하고 군건하게 2위 자리를 지키고 있다.

인스타그램은 최근 가장 핫한 채널로, 계속적으로 사용자가 늘고 있다. 이제 페이스북과 거의 맞붙을 수 있을 정도로 성장했으며, 페이스북이 2012년 인수한 이후 계속적으로 성장하고 있는 채널이다. 20대 중반의 젊은 층에서 점점 더 다양한 연령층으로 늘어나고 있는 추세이다.

카카오스토리는 안타깝게도 유일하게 하락세를 보이는 채널이다. 나오자마자 카카오톡을 기반으로 전 국민의 SNS가 될만큼 핫한 채널이었지만, 지금은 계속 하락하고 있다. 밴드에게 많은 사용자를 뺏겼고, 페이스북과 인스타그램으로 사용자들이 계속 이동하면서 점유율이 많이 떨어졌다.

글로벌 SNS 이슈

····▶

2018년 10월 17일, 동영상 플랫폼 유튜브가 전 세계적으로 90분 동안 접속이 되지 않았다. 국내뿐 아니라 전 세계적으로 엄청난 사용자를 가지고 있는 유튜브가 먹통이 되다 보니 사람들의 마음 속에 유튜브 채널에 대한 믿음이 흔들리기 시작했다. 이로 인해 사용자들이 겪은 불편과 유료서비스인 유튜브 프리미엄의 사용자에 대한 보상 문제에 관심이 쏠리고 있다.

'유튜브 장애'가
드러낸
'세대차이'

유튜브뿐만 아니라 페이스북 역시 2018년 9월 29일 해킹사건이 발생했다. 전 세계적으로 2,900만명의 개인정보가 유출되었는데, 이 중 한국 사용자의 개인정보는 약 35,000건 정도가 포함된 것으로 알려졌다. 유출된 계정 가운데 15,623건은 이름과 이메일 주소, 전화번호 등 기본적인 정보만 유출되었지만, 성별과 지역, 결혼 여부, 종교, 출신지 등 프로필 정보까지 유출된 계정은 18,856건이었고, 타임라인 게시물과 친구 목록, 메시지 대화명 등 추가정보까지 유출된 계정은 412건으로 나타났다.

페이스북이 개인정보 유출사건과 러시아의 미국 대선 개입 의혹 등 여러 가지 사건들에 휘말리면서 페이스북의 최고경영자 마크 저커버그의 해임안이 이슈가 되었다. 약 60%의 의결권을 갖고 있는 마크 저커버그가 실질적으로 해임될 확률은 상당히 낮지만 해킹사건과 리스크 관리에 대한 책임의 소지가 여전히 남아 있다. 또한 여기에 페이스북의 주가가 상당히 하락하면서 마크 저커버그의 입지가 상당히 좁아진 상태이다.

이러한 상황에서 또 하나의 가장 큰 이슈는 페이스북 자회사 창업주들의 퇴사이다. 2018년 9월 인스타그램 창업자 겸 CEO 케빈 시스트롬과 창업자 겸 CTO 마이크 크리거가 인스타그램을 떠났다. 두 사람은 2010년 인스타그램을 창업하고 2012년 10억달러에 페이스북에 매각한 후 독자 경영을 통해 플랫폼의 볼륨을 키워낸 장본인들이다. 결국 빅3 자회사인 오큘러스와 와츠앱, 인스타그램 창업주 모두 페이스북을 떠나게 된 것이다. 자연스럽게 페이스북은 물론 오큘러스, 와츠앱, 인스타그램 모두 마크 저커버그의 영향력이 강해질 전망이고, 이에 따라 마크 저커버그의 판단이 중요해지고 있다. 현재 페이스북의 주가 등 전망이

낙관적이지 않은 만큼 페이스북의 인스타그램 의존도는 갈수록 심화될 것이며, 창업주까지 떠난 인스타그램과 마크 저커버그의 행보를 예의주시해야 할 것이다.

3. 스마트폰으로 세상을 바라보다, 인증샷 문화

그럼, 이제 최근 우리 주변에서 자주 볼 수 있었던 SNS 트렌드 몇 가지를 살펴보도록 하자.

"20년 전 일본인 관광객들은 항상 카메라를 들고 다니며 온갖 것을 찍는다는 이유로 웃음거리가 되었다. 그런데 지금은 모두가 그렇게 한다."

유발 하라리의 『호모 데우스』에 나오는 글이다. 지금은 대세가 된 인증샷이지만 예전에는 참 어색했나 보다. 인증샷은 2018년만의 트렌드라고는 할 수 없지만 여전히 우리 사회에서 뗄레야 뗄 수 없는 트렌드이기에 언급해 보고자 한다.

시대가 찍고 SNS로 기억한다

···▶

거의 전 국민이 스마트폰을 보유한 우리나라에서 스마트폰으로 사진을 찍는 모습은 너무나 익숙하다. 기술이 계속적으로 상향평준화되면서 스마트폰 카메라가 점점 더 좋아지며, 이제 카메라를 들고 다니지 않아도 언제 어디에서나 사진을 편하게 찍을 수 있게 되었고, 주변에서 스마트폰으로 사진을 찍는 모습은 너무나 자연스러운 일상이 되었다.

우리는 음식사진, 여행사진, 일상사진, 셀카, 인생샷 등 너무나 다양하게 일상에서 폰카를 사용하고 있다. 사진을 통해 추억과 경험을 기록하여 블로그나 SNS에 올리고 공유하는 인증샷은 이제 우리 생활에서 여러 가지 문화를 만들어 내고 있다.

인증샷, 투표율을 높이다

···▶

2018년 6월 지방선거가 있었다. 그리고 투표가 시작되면서 새로운 문화를 볼 수 있었다. 바로 인증샷 문화이다.

대한민국 국민으로서 소중한 한 표를 행사하는 것은 당연한 일이지만, 사실 그 안에는 SNS를 통한 투표 인증샷 문화가 한몫했음에 대해 이의를 제기하는 사람은 아무도 없을 것이다.

'투표를 하자'라는 격려의 메시지와 투표 인증샷이 투표시간 내내

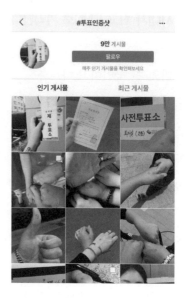

SNS에 올라오면서 많은 사람들이 투표에 대한 관심을 더욱 더 가지게 되었고, 투표율 또한 높아지지 않았나 싶다.

특히 '투표했어요'라는 투표소 인증샷과 함께 손에 도장을 찍어 올리는 것이 이제 보편화되었고, 당연한 선거 문화로 자리 잡았다. 그 결과 젊은 층의 선거참여도가 많이 높아졌고, 실제로 인스타그램에서 #투표인증샷이라는 해시태그로만 약 9만개가 올라올 정도로 많은 글과 사진이 업로드되었다.

정치 문화로
자리 잡은 투표
인증샷

미술관이 촬영을 허용한 이유

···▶

인증샷 문화의 발달은 선거뿐만 아니라 우리 생활 곳곳에서도 새로운 문화를 만들고 있다.

일반적으로 미술관이나 박물관에 가면 사진 촬영이 금지되어 있다. 하지만 최근에는 미술관이나 박물관 내부에서 사진 촬영을 허용하는 곳들이 많아지고 있다. 그렇다면 미술관은 어떤 이유로 사진 촬영을 허용하기 시작한 걸까?

미술관이나 박물관이 젊은 세대에게 크게 관심을 받지 못하면서 관람객이 늘지 않고 경영이 어려워지는 곳들이 많아졌다. 그러다 보니 미술관이나 박물관에서 관람객들에게 사진 촬영을 허용하고, 거기서 더 나아가 인생샷을 찍을 수 있게끔 포토존까지 만들어 사진 촬영을 독려하기 시작했다.

대림미술관은 인증샷과 함께 #대림미술관 해시태그를 남기면 해당 전시의 재관람을 무료로 할 수 있게 하면서 SNS 인증샷을 적극 활용해 입장객을 늘린 대표적인 사례이다. 이제는 미술관도 전통적인 '보는 미술관'에서 공유하고 즐기고 소통하는 장소로 변화하고 있는 것이다. 이런 이벤트 덕분에 젊은 고객들이 늘면서 자연스럽게 SNS에서 #대림미술관 해시태그가 30만개 이상 올라왔으며, 대림미술관은 핫플레이스가 되었다.

줄 서서 입장
하는 미술관

인증샷을 위한 포토존 필수, 판을 바꾸는 SNS마케팅

...▶

인스타그램, 인증샷, 인생샷 등이 우리 생활 전반에 영향을 끼치며, 장소를 구성함에 있어서도 분위기·조명·구도·소품 등 사진 촬영을 위한 모든 것들을 준비해서 사람들이 사진을 찍어 SNS에 바로 올릴 수 있도록 포토존 조성에 집중하고 있는 추세이다.

이러한 추세는 전 세계적인 흐름이며, 스마트폰의 발달로 인해 새로운 문화로 확실하게 자리잡았다. 최근에는 인스타그램 상권이라는 말이 생겨나기까지 했다. 인스타그램을 통해 홍보가 되어 사람들이 오는 동네가 되었다는 것이다. 서울의 '경리단길' '망리단길' '송리단길'의 공통점을 확인해 보면 사진·동영상을 공유할 수 있는 SNS 플랫폼인 인스타그램 게시물이 수만에서 수백만에 이르는 소위 '핫(hot)'한 지역이라는 점이다. 서울 용산구 이태원 지역의 경우 #경리단길이 붙은 게시물이 약 108만개이며 #경리단길_맛집 #경리단길_카페 #경리단길_데이트 등 파생된 해시태그도 각각 수만개씩 된다.

이처럼 인스타그램 등 SNS가 특정 지역이나 가게를 '핫플레이스'로 만들고 있다. 인증샷을 찍는 개인이 일부러 가게나 지역을 홍보하려고 올리는 것은 아니지만 그것이 광고가 되어 엄청난 반응을 일으키는 것이다. 인스타그램에 올린 글을 보고 핫플레이스를 찾아가 또 관련된 게시물을 올리면서 선순환이 되고 이것이 상권으로 형성되면서 많은 '~단길'들을 만들어냈다. 예전에는 TV방송과 연예인, 오프라인의 입소문이 핫플레이스를 만드는 주력이었다면, 이제는 스마트폰을 통한 'SNS 입소문'이 새로운 상권을 계속해서 창조해 내고 있다.

또한 인테리어에도 인스타그램이 많은 영향을 끼치면서 네온사인 꾸

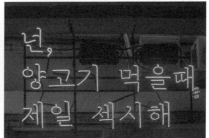

미기에 큰 붐이 일었다. 사진찍기 좋은 문구들을 인테리어에 포함하여 많은 사람들이 SNS에 올리게끔 유도하는 것이다.

인증샷은 장소뿐만 아니라 제품에서도 활발하게 활용되고 있다. 많은 사례들이 있지만 #리얼딸기우유의 경우도 인스타그램에서 붐이 일어나며 인기를 이끌었다. 딸기주스 대신 과육이 그대로 살아있는 딸기 위에 우유를 그대로 부은 리얼 딸기우유가 사람들의 SNS에 지속적으로 업로드되면서 언급이 되자, 딸기음료시장 자체가 커지게 된 것이다.

또 제주시 삼도2동에 위치한 '제주김만복' 김밥집은 최근 SNS를 중심으로 젊은이들 사이에 널리 퍼지고 있다. 줄을 서서 먹어야 할 정도로

〈리얼딸기우유〉

〈제주김만복〉

핫한 이곳도 인스타그램의 수혜처이다. 인스타그램을 통해 지속적으로 확산되며 #제주김만복 54,300건 #김만복김밥 49,100건의 해시태그가 등록될 정도로 인기가 많다.

4. 슈퍼개인이 뜬다, 인플루언서 마케팅

인플루언서, 시대가 낳은 장래희망 1위 직업

····▶

인플루언서(영향력 있는 개인)가 마케팅 시장을 뜨겁게 달구고 있다. 인플루언서란 타인에게 영향력을 끼치는 사람(Influence + er)이라는 뜻을 가진 신조어로, SNS 플랫폼을 통해 수십만명에서 많게는 수백만명에 이르는 팔로워와 소통하는 콘텐츠 크리에이터를 말한다. 이처럼 연예인이나 팔로워가 많은 개인 인플루언서에서 더 확장해 마이크로인플루언서(micro-influencer)까지 대한민국에서 인플루언서의

> 마이크로인플루언서란 연예인들보다 인기도는 덜하지만 관심 분야에 전문성을 갖추고 소비자와 가깝게 소통하는 영향력 있는 개인 크리에이터를 말한다.

영향력은 나날이 커지고 있다.

제 아무리 좋은 제품과 서비스도 자기 입으로 좋다고 이야기하면 소비자들은 뻔한 광고로 인식하기 마련이다. 대체 어떤 회사가 자신의 제품을 좋지 않다고 이야기하겠는가? 하지만 인플루언서들은 제품의 직접적인 홍보가 아니라 본인들만의 스타일로 쉽게 콘텐츠를 만들어 내기 때문에 보는 사람들로 하여금 친숙하고 많은 공감을 얻어낼 수 있어 좋은 반응을 얻고 있다.

이러한 인플루언서는 보통 블로그에서 시작해 유튜브, 인스타그램 등으로 영역을 넓히고 있다. 이 가운데 메가(팔로어 100만 명 이상), 매크로(10만~100만명), 나노(1만~10만명) 인플루언서는 준연예인급 팬덤을 거느린다. 그리고 이사배, 포니, 씬님, 헤이지니, 대도서관, 밴쯔 등

수입 '억 소리'
희망직업 1순위

메가 인플루언서들은 연예인처럼 소속사(MCN)에서 관리를 하고 있다.

이처럼 인플루언서는 이제 SNS를 넘어 사회 곳곳에서 강한 존재감을 나타내면서 온오프라인 플랫폼부터 마케팅, 세일즈, 상품 트렌드까지 어느 하나 영향을 끼치지 않는 곳이 없게 되었다. 앞으로 인플루언서의 활동을 시장은 주목해야 할 것이다.

고객의 관점에서 객관적으로 노출하라

····▶

인플루언서들은 고객의 관점에서 객관적인 느낌으로 제품과 기업에 대한 이야기를 하다 보니 광고적인 느낌보다 제품 사용후기의 느낌이 나기 때문에 사람들에게 거부감이 덜하다. 그래서 스마트폰을 활발히 사용하는 젊은 층을 공략하기에 상당히 효과가 좋다.

기존 TV 광고 등의 매스컴 광고는 스타를 중심으로 한 팬심을 통해 관심을 집중시키는 방향으로 진행해 왔다. 그러다 보니 제품과 관련성이 떨어지거나 콘텐츠보다는 스타의 이미지에 의해 결과가 좌지우지되는 경우가 많았다. 또한 광고시간도 짧기 때문에 대부분 내용 전달보다는 이미지적인 부분으로 콘텐츠를 만들어야 했다.

인플루언서
세계의 명암

하지만 인플루언서 마케팅은 이런 부분들을 보완하며 새로운 형식의 광고시장을 만들어 냈다. 언박싱 비디오가 그 대표적인 예이다. 구매자가 실제 제품을 구매한 것처럼 제품을 뜯으면서 하나하나 기능을 설명해 주는 것이다. 실제 박스를 뜯고 사용하는 것을 보여주기 때문에 광고보다 몰입감이 높아질 수밖에 없다. 광고와 정보에 대한 구분선 사이에 있기 때문에 광고에 대한 거부감이 있는 요즘 시대에 알맞은 마케팅이라고 볼 수 있다. 또한 TV 광고는 나의 의지에 의해 보게 되는 것이 아니라 송출되는 것을 보게 되는데, SNS나 유튜브에서 인플루언서들의 영상을 보는 것은 대부분 자발성에 의해서 본다. 그렇기 때문에 자체적으로 지인들에게 공유하기도 하고, 다시 돌려보기도 하는 등 적극적이고 반복적인 현상이 나타난다.

소비자 참여형 마케팅을 주목하라

····▶

인플루언서들이 가장 활발하게 활동하는 분야 중 하나가 화장품 등 뷰티업계인데, 여기서는 SNS를 활용한 '소비자 참여형' 마케팅이 강세를 보이고 있다.

특히 유명 유튜버나 셀럽(유명인)들은 제품 개발부터 홍보 및 판매의 전 과정에 직접적인 참여를 함께하고 있다. 이들은 이미 두꺼운 팬층을 갖고 있기 때문에 이들과 함께한 제품은 출시되자마자 큰 인기를 얻고 있다. 인플루언서 '포니'가 화장품업체 미미박스와 협업해 내놓은 '샤인이지글램 아이섀도우 팔레트'는 출시 40분만에 25,000개가 팔렸다. 또 뷰티박스 글로시 데이즈는 뷰티 크리에이터 '이사배'의 추천제품으로

유통업계
떠오르는
블루칩

〈미미박스〉　　　　　　　　〈이사배박스〉

구성한 '이사배박스'(29,900원)를 내놨는데 5분만에 4,000박스가 완판되었다. 5분만에 1억원이 넘는 매출을 올린 것이다.

갤러리아백화점은 구독자 13만명을 보유한 유튜브 뷰티 크리에이터 '상아튜브'와 협력해 영상을 제작해 14일 동안 상아튜브 채널에서 '갤러리아×상아튜브' 기획전을 진행했다. 이 결과 '톰 포드 뷰티'는 전년 같은 기간 대비 매출이 55% 가량 증가할 정도로 큰 인기를 얻었다. 또 신세계백화점 역시 2017년과 2018년 '이사배'를 초청해 메이크업 쇼를

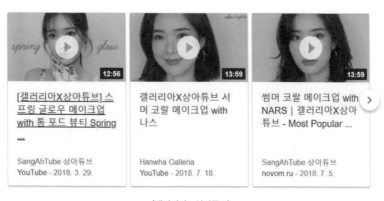

〈갤러리아×상아튜브〉

진행하고, 이를 신세계백화점 공식 페이스북 계정을 통해 실시간 중계하면서 지속적으로 인플루언서와 기업 그리고 소비자들과의 접점을 만들어 내고 있다.

이처럼 인플루언서가 SNS 마케팅에서 큰 핵심이 되고 있다. 특히 이들의 팬층 대부분이 실소비자층이기 때문에 인플루언서를 활용한 마케팅은 앞으로 더 성장할 것이다.

매력적인 콘텐츠로 승부하는 시대가 왔다

···▶

이제 사람들이 좋아할 만한 확실한 콘텐츠를 만들어 낼 수만 있다면 누구나 유명해지는 것이 가능해졌고, 그 유명세를 이용해 누구나 돈을 벌 수 있는 시대가 왔다. 꼭 젊고 예뻐야만 인플루언서를 하는 것은 아니다. 대도서관, 벤쯔, 박막례 할머니처럼 끊을 수 없는 매력을 가진 콘텐츠로 승부를 하는 시대가 온 것이다. 그리고 이렇게 강력한 콘텐츠와 팬덤을 형성한 인플루언서가 e-커머스 시장에서 강한 영향력을 행사할 것이다.

5. 2018년을 강타한 키워드에 주목하라

2018년 대한민국을 강타했던 단어, 소확행!

···▶

일본 작가 무라카미 하루키가 한 수필집에서 행복을 '갓 구운 빵을 손으로 찢어 먹는 것, 서랍 안에 반듯하게 정리되어 있는 속옷이 잔뜩 쌓여 있는 것, 새로 산 정결한 면 냄새가 풍기는 하얀 셔츠를 머리에서부터 뒤집어쓸 때의 기분…'이라고 정의했다.

이처럼 일상 속의 작지만 확실한 행복을 뜻하는 #소확행은 덴마크의 #휘게(hygge)나 스웨덴의 #라곰(lagom), 프랑스의 #오캄(au calme) 등 세계적으로도 공감하는 트렌드적인 단어이다.

한국인의 소확행

현실이 점점 팍팍해지면서 일상 속에서 큰 행복이 아니라 작은 행복을 느끼려는 노력들이 나타나고, 이에 따라 많은 사람들이 소확행에 관심을 가지게 된 것이다.

글로벌 통합정보분석기업 닐슨코리아는 2018년 1월 1일부터 7월 31
일까지 7개월 간 블로그, 카페, SNS(페이스북, 트위터, 인스타그램) 등
소셜미디어 채널에 게시된 글 중 '소확행'이 언급된 총 55,000여 건의
게시글을 분석했다. 그 결과 문화생활(책, 영화, 음악), 여행, 음식, 친구
에 대한 언급이 많이 나타났다. 이를 통해 사람마다 모두 소확행은 다르
지만, 소확행이라는 주제 및 단어에 대해서는 대부분 공감하고 현실 속
에서 이를 찾고 있는 추세라는 것을 알 수 있다.

일과 삶의 균형, 워라밸!

> ···▶

개인의 업무와 사생활의 균형을 표현하는 단어인 #워라밸(Work and
Life Balance)은 1970년대 영국에서 처음 등장한 후 40여 년이 지난
2016년부터 대중적으로 언급되다 소확행과 함께 2018년을 강타한 키
워드가 되었다.

워라밸이 주목받은 이유 중 하나는 주 52시간 근무제 도입이다. 주
52시간 근무제의 도입으로 5시 퇴근 등 업무시간이 유연해지면서 '저녁
이 있는 삶'이 가능해졌다. 겨우 1시간이라고 생각할 수 있겠지만 1시간
이 주는 작은 행복은 우리 삶을 바꾸어 놓았다. 저녁이 있는 삶이 생기
면서 여유가 생긴 시간에 홈술, 혼술 및 영화, 자기계발, 운동 등 다양한
취미활동과 소비가 이루어지고 있다. 또한 가족과 함께하는 따뜻함과

주변 사람들을 챙기는 여유가 생기기 시작했다.

이러한 여유는 라이프스타일을 바꾸기 시작했다. 회사에서 야근이나 회식이 줄어들자 '같은 취미 찾기' 등 자율적이고 개인적인 활동들이 많아지고 있다. 회식 대신 스크린야구를 하거나 팀원들과 함께 강연을 듣는 등 운동 및 문화생활이 증가하는 것은 예전에는 볼 수 없었던 모습이다.

이러한 사회 전반적인 변화는 책 제목에서도 나타나고 있다. 2018년 사랑받았던 도서들을 보면 『죽고 싶지만 떡볶이는 먹고 싶어』『나는 나로 살기로 했다』 등이 베스트셀러로 인기를 끌었다. 이 책들의 공통점은 대단하거나 특별한 주제를 다뤘다기보다는 본인의 이야기를 솔직담백하게 담고 있어 동질감을 느낀 사람들에게 많은 공감을 주었다.

이처럼 워라밸이라는 키워드에 사람들이 열광하는 이유는 이제 우리가 자극적이고 발전적인 것보다 삶의 균형과 마음의 평화를 찾고 있다

는 반증이 아닐까? 대한민국이 지금까지 너무 빨리 달려왔고 뜨거웠고 앞만 보고 경주마처럼 전력질주를 했던 것에 대한 보상을 찾는 것은 아닐까?

워라밸을 찾아서

가격 대비 마음의 만족, 가심비!

···▶

2018년에는 가성비보다는 #가심비라는 단어가 트렌드로 자리잡았다. 실생활에 꼭 필요한 물건을 상대적으로 저렴하게 구매하는 것이 #가성비였다면 #가심비는 꼭 필요한 것이 아니더라도, 꼭 남에게 자랑하기 위한 과시적 소비가 아니더라도, 꼭 저렴하게만 제품을 구매하는 것이 아니더라도 마음의 행복감이나 편안함을 준다는 것에 더 큰 가치를 두고 구매를 하는 것이다.

특히 불확실한 미래보다는 지금을 더 중요하게 생각하는 밀레니얼 세대가 주 경제권을 가지고 소비하는 요즘, 이로 인해 나를 위한 소비가 확산되고 있는 것이다.

가격과 성능은 이제 기본이다. 여기에 심리적 안정감을 주는 가심비에 대한 부분들이 더욱 중요해지고 있다. 2019년에는 더욱 더 개인 맞춤형 상품과 서비스에 초점을 맞춰질 것이라고 예상해 본다.

가심비 마케팅

종합적으로 이런 키워드들이 2018년에 왜 부각되었는지 우리는 고민해 볼 필요가 있다. 현재가 미래로 변하는 것이기 때문이다. 따라서 이러한 현재의 변화를 통해 미래를 예측해야만 한다.

우리가 트렌드를 미리 예측할 수는 없더라도, SNS를 꾸준하게 보고 있으면 변화하는 트렌드를 읽는 것은 가능할 것이다. 2019년에도 항상 핫한 키워드에 관심을 가져보자.

1. 나는 매일 유튜브로 출근한다

동영상 플랫폼을 넘어 '검색 포털'로 가는 유튜브

···▶

우리는 지금까지 새로운 정보를 얻기 위해 '네이버'에 의존했었다. 하지만 세상이 바뀌고 있다. 사람들은 궁금한 것이 있으면 네이버 등의 검색 포털보다 유튜브를 찾기 시작했다. 이제 유튜브는 단순히 취미생활을 위해 찾는 영상채널이 아닌 다양한 정보를 얻기 위한 채널로 사용되고 있으며, 일상 속의 많은 것들(넥타이 매는법, 음식 만드는 방법, 전자제품 사용법 등)을 검색하고 있다. 특히 유튜브는 단순 설명에서 벗어나 눈으로 직접 볼 수 있기 때문에 당연히 몰입도가 높고 체류시간도 길다.

2018년 5월 유튜브 CEO 수잔 보이치키는 유튜브의 공식 이용자 수가 18억명을 넘었다고 발표했다. 실로 엄청난 이용자이다. 하루에 유튜브에서는 10억시간의 영상을 소비하며 동시에 400분을 생산한다. 이

중 70%는 모바일을 통해 접속한다. 전 세계 2위(1위는 구글) 검색엔진의 역할도 하며, 전 세계적으로 22억 이용자를 보유하고 있는 페이스북을 바짝 쫓고 있다.

우리나라에서도 유튜브의 검색빈도 수는 나날이 상승하고 있으며, 상대적으로 네이버는 많은 사용자를 빼앗기고 있다. 특히 전자 및 자동차 등 영상 콘텐츠가 필요한 특정 키워드에서는 유튜브가 이미 네이버를 앞지르고 있다. 또한 50대 이상의 베이비붐 세대들, 실버 세대들의 유튜브 사용시간이 급증하고 있는 추세이다.

글로벌 플랫폼, 유튜브

⋯▶

우리는 유튜브 앱을 직접 사용하지 않더라도 SNS나 카카오톡 메신저를 통해 유튜브 영상을 보거나 공유해 본 경험이 한 번씩은 있을 것이다. 이처럼 이제는 뉴스, 영화, 음악 등을 유튜브에서 듣고 보는 것이 전혀 이상하지 않은 것이다.

특히 유튜브는 글로벌 플랫폼이다 보니 국내에 국한되지 않고 전 세계로 영향력을 넓힐 수 있다. 최근 전 세계적으로 가장 핫한 '방탄소년단' 역시 유튜브가 없었다면 지금의 인기를 누리기는 쉽지 않았을 것이다. 또 유튜브가 만든 스타 '싸이'의 말춤이 유튜브에서 엄청나게 인기를 끌지 않았더라면 과연 싸이가 세계적인 스타가 될 수 있었을지도 의문이다.

누구나 제작자와 방송인, 편집자 등 다양한 역할을 할 수 있는 유튜브, 이제 대세 플랫폼으로 자리잡은 유튜브, 못찾는 것이 없다고 하여 '갓튜브'라고도 불리는 유튜브는 이제 머지 않아 녹색창을 대체할 것이라는 이야기가 나올 정도이니 앞으로 유튜브의 행보를 기대해 볼만하겠다. 자세한 내용은 Part 7 유튜브에서 자세히 설명하도록 하겠다.

2. SNS 라이브방송을 주목하라

SNS 라이브방송으로 하나가 된 지구촌

···▶

인터넷의 발달로 많은 것들이 가능해지면서 '지구촌은 하나다'라는 말이 나오게 되었다. 지구촌이 하나가 되려면 시차나 장소 등 다양한 장벽을 뛰어넘을 수 있어야 하는데, 인터넷과 IT기술의 발달로 이러한 장애물들을 해결할 수 있게 되었다.

"우리는 오늘 모든 사람들을 위해 페이스북 라이브를 런칭합니다. 라이브 영상을 더 쉽게 만들고, 공유하며 찾을 수 있도록 라이브는 당신의 주머니 속에 있는 TV 카메라와 같습니다. 이제는 누구나 휴대폰을 이용해 다른 누군가에게 영향을 줄 수 있는 방송을 할 수 있죠. 당신이 라이브로 소통할 때, 사람들과 더욱 개인적으로 친밀하게 연결되어 있다고 느낄 것입니다. 이는 우리가 소통하는 방식에 큰 변화를 불러일으킬 것이며, 사람들이 서로 함께하는 기회를 만들어 낼 새로운 방식이 될 것입니다."

페이스북의 CEO 마크 저커버그가 라이브방송 서비스를 런칭하며 한 말이다. 라이브방송 서비스는 유튜브, 페이스북, 인스타그램에서 활발하게 이용되고 있으며, 네이버에서도 2019년부터 블로그에 라이브방송 콘텐츠를 제공하겠다고 발표를 했다. 이제 라이브방송은 플랫폼의 대세로 자리잡고 있다.

이처럼 시공간을 초월해 다양한 국적의 사람들에게 '실시간'이라는 몰입도를 줄 수 있는 라이브마케팅, 그 중에서도 누구나 편하게 사용할 수 있는 SNS의 라이브방송이 점점 더 핫해지고 있다. 특히 최근에는 다양한 크리에이터들이 1인 방송의 트렌드를 타고 더욱 활발하게 활동하고 있고, 라이브방송으로 그 범위가 점점 확장되고 있다. 이제 라이브방송의 시대가 본격적으로 시작된 것이다.

라이브 영상은 SNS를 통해 지속적으로 공유되기 때문에 파급속도와 도달범위가 엄청나다. 또한 누구나 스마트폰만 있으면 라이브방송을 할 수 있다는 편의성과 높은 리얼리티를 통한 몰입도, 적은 비용 대비 높은 광고효과를 낼 수 있기 때문에 개인뿐만 아니라 많은 기업들도 관심을 가지고 있는 분야이다.

글, 사진, 동영상에서 라이브방송으로

...▶

이러한 추이를 볼 때 사람들이 콘텐츠를 받아들이는 형태가 변하고 있다는 것을 알 수 있다. 필자만 해도 초창기 싸이월드 시절에는 대부분 글 위주로 콘텐츠를 작성했었다. 하지만 이후 스마트폰이 등장하며 점점 시각적인 사진을 올리기 시작했고, 그 다음은 동영상으로 진화했다. 그리고 이때는 동영상이 가장 큰 주력 콘텐츠가 될 거라고 모두가 예상했지만 여기서 또 한 번 진화를 했다. 스마트폰 카메라의 발달과 IT기술 및 인터넷 속도가 빨라지며 단순한 동영상을 넘어 실시간으로 방송하는 라이브방송으로까지 발전하게 되었다.

인터넷 방송이 계속적으로 성장하다 보니 새로운 직업군까지 나타났다. 바로 크리에이터라는 직업이다. 크리에이터들은 동영상을 직접 기

〈유튜브 라이브방송〉

획하고 촬영하고 편집하여 정기적으로 플랫폼에 올리기 시작했다. 그리고 그 인기는 나날이 증가하고 있으며, 다양한 동영상 플랫폼들이 생겨나며 함께 대세가 되었다.

이러한 사회적 현상 속에서 개인과 기업들은 '지금 이 순간'이라는 핵심 주제를 가지고 앞다투어 라이브방송 서비스로 확장하고 있다.

다양한 라이브방송 플랫폼

····▶

대표적인 라이브방송 플랫폼으로는 유튜브 라이브가 있다. 전 세계로 서비스할 수 있어 글로벌한 팬층을 확보할 수 있다는 장점과 함께 검색이 용이하고 확장성이 좋다는 강점이 있다.

그리고 페이스북과 인스타그램의 라이브방송은 일반인들이 가장 편하게 목적없이 본다는 강점이 있다. 이 역시 글로벌 플랫폼이다 보니 해외 접근도 쉽고, 팬(친구)을 확보한 인플루언서나 개인 등 누구나 쉽고 편리하게 방송을 할 수 있다. 그리고 유튜브에 비해 소셜미디어를 기반으로 한다는 점에서 강한 확장성이 매력이다. 다른 플랫폼에 비해 검색이 불편하다는 단점이 있지만, 최근 IGTV 등 다양하게 사용자의 니즈를 맞추고 있다는

IGTV는 인스타그램에서 만든 비디오 앱으로, 기존 인스타그램의 동영상이 최장 1분이라는 시간적 제한과 스토리 기능이 가지는 휘발성 문제의 한계점을 보완하여 만든 것으로, 최장 1시간짜리 동영상을 올릴 수 있다. IGTV의 또 하나의 특징은 세로 방향에 최적화된 영상을 게시할 수 있다는 점이다.

점에서 주목해 볼만하다.

라이브방송의 사례

····▶

SNS의 라이브방송은 콘텐츠 몰입도가 높고 확장성이 크기 때문에 아주 효과가 좋다. 또 댓글 등을 통해 실시간으로 피드백을 받을 수 있고 지금의 상황을 상대방과 함께 공유할 수 있다는 사실이 사람들을 더 즐겁게 만들고 애착을 가지게 한다.

초창기 아프리카TV를 통해 라이브방송 시장이 시작되었다면 이제는 다양한 플랫폼을 통해 라이브방송이 대중화되고 있다.

가수 싸이는 소셜 라이브마케팅의 대표주자라 할 수 있다. 2012년 10월 5일 유튜브와 유스트림을 통해 선보인 〈강남스타일〉이 대박이 나며 세계적인 스타로 발돋움했다. 특히 동영상 라이브 스트리밍 플랫폼인 '유스트림'으로 전 세계에 생중계된 싸이의 서울시청 콘서트는 무려 145개국에서 160만건에 달하는 조회 수를 기록했다. 싸이는 이후 〈젠틀맨〉의 컴백 무대 또한 소셜 라이브방식을 택했으며, 이 공연은 유튜브와 네이버에서 실시간 생중계되면서 1시간에 12만명의 동시접속자 수를 기록하기도 했다.

가수뿐만 아니라 다양한 분야에서도 라이브방송은 활용되었다. 박원순 서울시장 후보는 아프리카TV를 통해 유세활동을 생중계했고, 당선된 후에는 판도라TV를 통해 취임식을 인터넷 생중계로 진행했다. 예전에는 감히 상상도 할 수 없었던 일이다.

2017년 11월 애플은 아이폰X의 신제품 공개행사를 5시간 동안 유튜브와 페이스북 라이브로 전 세계에 생중계했는데, 유튜브에서만 약 62만명이 영상을 시청했다. 애플은 신제품 출시에 있어 라이브방송에 많은 신경을 썼고, 그 결과가 브랜드나 매출에 영향력을 미치는 건 자명한 사실이었다. TV 광고였다면 얼마의 비용을 들여야 이런 노출 및 참여를 유도할 수 있었을까?

라이브방송의 경우 실시간으로 방송되기 때문에 돌발상황에 대해 잘 대처해야 하며, 방송 도중 끊기지 않게 인터넷 환경 및 서버 등을 잘 관리해야 한다.

대구시 페이스북
라이브방송 실시

앞으로 라이브방송은 어떻게 진화할지 무궁무진하다. 2019년에 라이브방송이 우리나라 및 전 세계적으로 미칠 영향력에 대해 관심을 가지고 지켜봐야 할 것이다.

3. 인스타그램에 올라타라

나홀로 성장하는 인스타그램

···▶

필자에게 SNS 중에서 가장 핫한 채널을 물어본다면 단연코 인스타그램을 꼽을 것이다. 인스타그램은 2018년 6월 기준으로 전 세계 이용자 수 10억명을 돌파했으며, 국내 이용자 수는 2017년 8월을 기준으로 1,000만명을 넘어섰다. 국내에서 대부분의 SNS가 주춤하고 있는 상황에서 인스타그램의 성장세는 주목할 만하다.

페이스북은 2012년 인스타그램을 인수할 당시 10억달러라는 엄청난 인수금액 때문에 큰 이슈가 되었다. 하지만 몇 년이 지난 지금 인스타그램은 전 세계적으로 월간 사용자 수(MAU)가 10억명, 기업가치 1,000억달러를 인정받으며 아주 성공적인 M&A로 평가받고 있다.

인스타그램이 이렇게 뜨거운 반응을 얻을 수 있었던 이유는 인간의

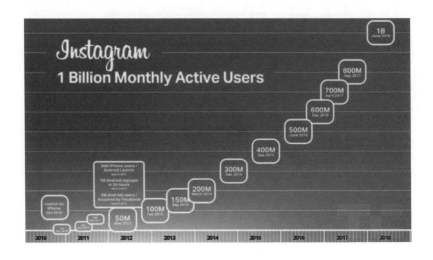

욕구와 밀접한 관련이 있다. 사람들은 자신을 예쁘게 보여주고 싶어하고 스스로를 과시하려는 욕구가 있는데, 이 욕구를 정확하게 파악한 인스타그램의 창업주는 사진을 찍을 때 필터기능을 제공해 SNS에 올릴 수 있도록 했다. 스마트폰 초창기의 카메라 어플에는 필터 기능이 많이 없었기 때문에 사람들은 사진을 찍고 필터로 보정해서 예쁘게 올릴 수 있는 인스타그램에 열광했다.

자, 그럼 이렇게 핫한 채널인 인스타그램에서 2019년에 주목해야 할 것들은 무엇이 있을까? 일단 가장 큰 변화로 볼 수 있는 것은 IGTV(인스타그램TV)와 비즈니스계정(샵 기능)이다.

최근의 모든 온라인 서비스들이 동영상 플랫폼에 대한 갈증을 가지고 있고, 유튜브에 대항할 수 있는 플랫폼을 준비하고 있다. 이에 따라 인스타그램도 최대 1시간 분량의 동영상을 올릴 수 있는 IGTV 기능을 선보였다. 그리고 광고 및 수익화 모델 등에 대한 구체적 변화가 일어나기 시작했다. 인스타그램 역시 2018년에 샵 기능을 추가하며 비즈니스에 대한 구체화가 시작되었다. 이미 충분한 유저와 인지도를 갖춘 인스타그램이 비즈니스 모델로서 모습을 완벽히 갖추기 시작한다면 누구나 관심을 가질 수밖에 없을 것이다. 이러한 변화들로 인해 2019년에는 인스타그램에 더 많은 변화의 바람이 본격적으로 나타날 것으로 예상된다.

IGTV 출시

····▶

인스타그램의 동영상은 최대 60초만 업로드된다는 단점이 있었는데, 기존의 이런 단점들을 보완한 IGTV를 통해 최장 1시간(일반계정은 10분) 분량의 동영상을 업로드하는 것이 가능해졌다. 또한 기존의 가로형 동영상에서 세로 형태의 동영상을 업로드할 수 있게 되어 모바일에 최적화가 되었다. 그리고 고화질 업로드가 가능해져 관심사 및 팔로우 기반의 맞춤형 동영상을 제공할 수 있게 되었다.

IGTV는 인스타그램 계정을 가진 사람은 누구나 즉시 영상을 업로드하고 시청할 수 있어 출시와 동시에 인스타그램 유저 모두를 흡수한 것으로 볼 수 있다. 특히 스마트폰 카메라의 발달로 인해 특별한 장비나 기술 없이 쉽게 촬영할 수 있다는 점에서, 그리고 팔로워들에게 자연스럽게 송출된다는 점에서 2019년 IGTV에 대한 관심은 뜨거울 것으로 예상된다. IGTV에 대해서는 Part 6의 인스타그램 편에서 자세히 다루고자 한다.

인스타그램의 비즈니스계정

····▸

인스타그램은 '일상을 공유한다'라는 컨셉으로 해시태그를 통한 검색이 자연스럽고, 생활 속에 노출되는 콘텐츠이기 때문에 파급력이 강한 SNS이다. 이런 강점을 가진 인스타그램은 전자상거래 플랫폼에 직접적으로 진출하기 위해 계속 노력을 해왔고, 비즈니스계정은 그 첫 번째 시작이다.

비즈니스계정에는 연락하기(전화 및 문자), 이메일, 찾아가기 등의 기능들이 있는데, 최근에 샵 기능이 추가되면서 온라인 커머스 업계가 긴장하는 분위기이다. 인스타그램의 이러한 비즈니스 기능을 통해 소비자와 기업의 연결이 더욱 가까워졌으며, 제품을 더 쉽게 노출하는 것이 가능해졌다.

인스타그램의 새로운 비즈니스 도구인 쇼핑 기능(샵 기능)은 2017년 미국에서 먼저 시작되었고, 이후 우리나라도 2018년 6월부터 이용할 수 있게 되었다. 인스타그램은 앱 안에서 결제가 이루어지지 않기 때문에 샵 기능을 통해 외부 쇼핑링크로 연결을 할 수 있고, 아직 별도의 수수료는 없는 상황이다. 인스타그램에서는 앱 내 결제 기능이 추가될 예정은 없다고 하지만, 앱 내 결제가 가능해지면 전자상거래 업체들을 크게 위협할 수 있는 플랫폼으로 대두될 것이다.

인스타그램이 단순한 SNS 마케팅 채널에서 쇼핑 채널로의 확장은 앞으로 인스타그램을 비즈니스로 활용하는 모든 개인 및 기업들에게 큰 영향을 미칠 것으로 보인다. 특히 샵 기능이 등장한 이후 인스타그램의 비즈니스계정은 기존 1,500만개에서 2,500만개로 늘어났다. 인스타그램에서 직접적으로 상품을 보고 마음에 드는 상품의 구매까지 가능해졌으니 앞으로 인스타그램을 통해 매출이 늘어나는 건 당연지사일 수밖에 없다. 또 동영상과 라이브방송이 점점 더 대세가 되고 있는 추세이기 때문에 2019년에는 인스타그램의 비즈니스계정을 적극 활용해 보는 것이 어떨까 싶다.

4. 새로운 SNS가 뜨고 있다

콘텐츠 공유하면 코인 받는 보상제공 플랫폼, 스팀잇

····▶

SNS에 콘텐츠를 게시했을 때 공유를 통한 댓글이나 좋아요 등의 피드백을 받아도 수익을 창출할 수 없다는 점을 보완해서 콘텐츠 공유에 대한 보상을 코인으로 제공하는 플랫폼들이 출현했다.

SNS 플랫폼 스팀잇은 '좋은 콘텐츠에는 보상이 따른다'는 모토를 가지고, 사용자의 활동에 따라 가상화폐 스팀(Steem)을 제공한다. 2016년 4월 서비스를 시작한 스팀잇은 2017년 5월 17만명이 새로 가입했으며 2018년 6월 기준 가입자 수는 100만명에 이른다.

스팀잇은 글 작성과 추천뿐만 아니라 댓글과 대댓글에도 암호화폐로 보상을 지급하여 유저들이 활발하게 활동을 할 수 있게 하고 있다. 보통 플랫폼을 만든 회사들은 콘텐츠를 만든 저작권자에게만 수익을 주는데,

스팀잇은 해당 콘텐츠를 만든 제작자뿐만 아니라 이를 추천하는 독자 모두에게 수익을 지급한다. 콘텐츠 추천에 비례하여 수익을 제공하고, 소비자 또한 좋은 글을 추천하여 보상을 얻는다. 스팀잇에서 독자가 창작자에게 추천(Voting) 형식으로 스팀을 후원하면 75%가 창작자와 추천인에게 지급된다.

　스팀잇이 다른 콘텐츠 플랫폼과의 차이점이라면 우선 광고가 없다. 유튜브와 같이 소비자의 광고 시청으로 수익을 얻는 일반적인 크리에이티브 플랫폼과는 달리 철저하게 사용자 중심의 구조이고, 플랫폼 수수료도 다른 곳에 비해 월등하게 낮다. 특히 스팀잇은 독자가 직접 콘텐츠를 보고 창작자에게 보상을 주기 때문에 창작자가 광고나 마케팅 차이에 의해 좋은 콘텐츠라도 수익을 크게 올릴 수 없는 한계를 극복할 수 있는 기회를 제공받으면서 가입자 수가 크게 늘었다.

하지만 이런 스팀잇에 한계점도 보이기 시작했다. 창작자를 위한 플랫폼이 아니라 스팀을 비롯한 코인 플랫폼으로 변질됐다는 의견들이 나오기 시작했다. 사실 스팀잇은 플랫폼에서 시작되었다기보다는 가상화폐의 붐으로 인해 시작되었고, 보상으로 받는 스팀 가격이 올라가면서 가입자 수가 많아지고 주목받은 채널이기 때문이다.

스팀잇뿐만 아니라 피블 등 콘텐츠 공유에 대한 보상을 코인으로 받는 시스템이 국내에서도 확산되고 있는 추세이다.

세계 최대의 이미지 공유 플랫폼, 핀터레스트

···▶

이미지나 사진을 검색하고 공유하며 스크랩할 수 있는 핀터레스트는 설립자 벤실버만이 만든 플랫폼으로, 전 세계 이용자 수는 2억 5,000만 명 정도이다. 2010년 3월 클로즈 베타 형식으로 홈페이지를 개설해, 초대장을 받아야만 이용할 수 있는 형식으로 운영을 시작했다. 2011년 초 실리콘밸리를 움직이는 벤처 투자자인 안드레슨 호로위츠가 핀터레스트에 2,700만달러라는 거액을 투자하면서 세계적으로 화제가 되었다.

핀터레스트는 관심사를 수집하기 위한 핀(Pin)과 관심 및 흥미를 뜻하는 인터레스트(interest)를 합성해 만든 이름이다.

사람들은 인터넷을 서핑하다 마음에 드는 제품·이미지·글귀가 있으

면 캡쳐를 해놓거나 URL을 스크랩해 놓는데, 이러한 부분에서 착안한 핀터레스트는 패션·사진·글귀·명언 등 자신의 관심사에 맞는 사진을 저장하고 분류할 수 있는 어플이다. 본인이 마음에 든 이미지를 페이스북 같은 SNS에 연계해서 지인들에게 공유해 함께 볼 수 있게 해준다.

이미지 중심의 직관적인 UI를 활용해 사람의 눈을 사로잡고, 직관적으로 자신의 관심과 느낌을 소통하게끔 유도하며, 정보의 홍수 속에서 관심 콘텐츠만 일목요연하게 보여주고 공유하는 맞춤형 서비스가 핀터레스트의 핵심가치이다.

하지만 전 세계적으로 사용자를 확장하고 있지만 아직까지 국내 사용자에게는 큰 관심을 받지 못하고 있는데, 2019년 국내 시장에서의 성장을 지켜봐야 하겠다.

15초 분량의 짧은 영상 공유 플랫폼, 틱톡

···▶

최근 젊은 층을 중심으로 더 빠르고 간편하게 영상을 즐기고 싶어 하면서 쇼트비디오라는 새로운 형태의 SNS가 인기를 끌기 시작했다.

가장 대표적인 쇼트비디오 앱인 틱톡은 중국의 스타트업 바이트랜스에서 만든 것으로, 2018년 6월 기준 1일 평균 이용자 수(DAU)는 1억 5,000만명에 도달했으며 2018년 상반기 애플 앱스토어에서 유튜브, 왓츠앱, 인스타그램, 페이스북을 모두 제치고 전 세계 다운로드 수 1위를 기록했다. 이처럼 단시간에 엄청나게 성장한 틱톡의 중심에는 쇼트비디오 문화를 뽑을 수 있다. 틱톡은 한국을 포함해 중국, 동남아시아 지역과 북미 지역을 중심으로 확장되고 있다. 중국에서는 더우인이라는 개별 앱을 사용한다.

틱톡은 출시 직후부터 빠르게 한국 이용자를 끌어모으며 흥행에 성공했다. 특히 틱톡이 2018년 7월 한국에서 처음 진행한 오디션에는 2,000명이 넘게 참여하는 등 큰 호응을 이끌어냈다. 틱톡의 인기요인은 전문적인 영상 편집 프로그램이 아니더라도 원하는 배경음악, 다양한 특수효과 등을 삽입하여 영상을 쉽게 만들 수 있다는 것으로, 짧은 시간에 콘텐츠를 소비하려는 젊은 층의 트렌드와 부합해 주 사용자인 1020세대를 타깃으로 성장하고 있다.

트렌드가 너무나 빠르게 변하기 때문에 쇼트비디오 인기가 언제까지 지속될지, 또 모든 연령대에서 사용하지 않기 때문에 큰 영향력을 느낄 수 없지만, 전 세계적인 흐름과 국내 시장 및 다운로드 수 등을 고려할 때 2019년 젊은 층을 중심으로 더욱 성장하는 핫한 채널이 될 것으로 예상된다.

5. 대한민국은 지금 실버의 시대

실버서퍼, 온라인쇼핑에 빠지다

....▶

65세 이상 인구가 전체 인구의 14%를 넘는 고령화사회에 진입함에 따라 경제력이 있으면서 디지털에 능숙한 '실버서퍼(Silver Surfer)'가 온라인시장의 핵심 소비층으로 부상하기 시작했다.

2018년 상반기 옥션의 연령대별 판매량 통계를 살펴보면 2014년 상반기 대비 50대와 60대 이상의 구매량 증가율이 각각 130%, 171%로 집계됐다. 연령대별 증가율 순위는 60대, 50대가 각각 1위, 2위를 차지했다. 이들은 안정적인 경제력을 바탕으로 여행·항공권, 브랜드

> 실버서퍼란 노년층을 뜻하는 '실버 세대'와 '인터넷 서핑을 즐기는 사람(서퍼)'의 합성어로, 인터넷 및 스마트폰을 능숙하게 조작하며 쇼핑을 하는 경제력이 있는 장년층을 일컫는 신조어이다.

의류, 수입명품 등 소비를 크게 늘렸다.

특히 50~60대 실버서퍼의 SNS 평균 이용시간이 크게 늘었다. 이들은 하루 평균 60분 이상 SNS를 이용하고 있으며, 그 중에서도 특히 유튜브가 장·노년층의 삶의 모습을 바꾸고 있다. 이들은 출근길 지하철에서 유튜브를 보고, 메신저를 통해 유튜브 링크를 공유한다.

온·오프 '주름' 잡는 시니어

실버 인플루엔서들의 등장

····▶

직접 유튜브 제작에 나서는 장·노년층도 적지 않으며, 이러한 영향 속에서 온라인에서 영향력을 끼치는 실버 인플루언서들이 나타나기 시

〈박막례 할머니 유튜브〉 　　　　　　〈여용기 님 인스타그램〉

작했다. 유튜브에서는 구독자 수 56만명을 돌파한 박막례 할머니를 시작으로, 공대생네 가족의 이경자 할머니, 먹방 콘텐츠인 영원씨TV의 80대 김영원 할머니 등 다양한 실버 크리에이터들의 채널들이 약진하기 시작했다. 또 인스타그램에서는 슈트제작 장인인 여용기 씨가 팔로워 수 5만을 넘으며 인기를 얻고 있다. 백발의 노인이지만 패션 센스가 돋보이는 자신의 사진을 올리면서 패셔니스타로 인정받으며 젊은 층 사이에서 많은 인기를 얻고 있다. 이처럼 주목받는 실버 인플루언서들이 늘어나면서 다른 연령대와의 소통의 문제와 세대별 격차를 해소하는 중요한 역할이 될 것으로 보인다.

이러한 사회적 트렌드로 실버서퍼 층이 새로운 소비계층으로 빠르게 자리잡으면서 이들을 겨냥한 마케팅이 2019년에는 더욱 더 거세질 것으로 예상된다.

PART 3

포털
트렌드
리포트
– 네이버

1. 대한민국 최초·최대 포털사이트, 네이버

1999년생 네이버

····▸

전 세계적으로 압도적인 사용량을 가지고 있는 포털사이트는 구글이지만, 우리나라에서는 명함도 꺼내기 어렵다. 우리나라에서 포털의 절대강자는 누가 뭐라고 해도 네이버이다.

온라인 시장조사기관 오픈서베이의 조사결과에 따르면 2018년 1월 기준 검색포털의 점유율은 네이버가 75.2%, 구글 11.8%, 다음 10.2%, 네이트 1.8%로, 네이버는 2017년에 이어 또다시 가장 높은 점유율을 보이고 있다. 이처럼 네이버는 이미 오랫동안 대한민국에서 특화되어 있는 플랫폼으로, 네이버를 빼놓고는 온라인을 얘기하기가 무색할 만큼 우리나라 사람들의 의식과 무의식에 깊게 들어와 있는 채널이다. '무엇이든 물어보세요'라는 지식인을 시작으로, 블로그·카페·밴드 등 우리

〈네이버 회사 소개 페이지〉

삶 하나하나에 네이버가 영향을 끼치지 않는 것이 없을 정도이다.

한국인 맞춤형 포털사이트를 내세우며 1999년 등장한 네이버는 그 당시에 인기를 끌었던 야후를 제치고 이후 줄곧 시장점유율 1위를 차지하고 있다. 현재 회원 수 4,200만명, 모바일 1일 순방문자 수 3,000만명, 2018년 현재 자산총액 7조 1,000억원의 가치를 지니고 있으며, 온라인 검색포털과 모바일 메신저 플랫폼을 중심으로 우리 나라뿐만 아니라 전 세계 사람들이 사용하는 LINE, SNOW, VLIVE, 네이버 웹툰 등을 통해 글로벌시장에

네이버 이야기

서도 빠르게 성장하고 있다.

네이버는 이처럼 우리와 가장 가까이 있는 플랫폼이다. 목적지를 찾을 때나 예약을 할 때, 결제를 할 때 우리는 모두 네이버 서비스를 즐겨 사용한다. 특히 네이버지도의 경우 MAU(한 달 동안 실제 한 번이라도 앱을 써본 사람의 수)가 월 904만명으로 독보적인 사용량을 자랑한다.

네이버의 위기

····▶

이렇게 국내에서 가장 높은 점유율을 차지하고 있는 네이버지만, 최근 동영상 플랫폼 유튜브의 위협과 SNS 채널들의 약진, 광고성 글·기사 등으로 네이버는 다시 한 번 변화가 필요한 시기인 것은 확실하다. 그렇다면 앞으로 네이버는 국내 최대 포털업체로서의 지위를 유지할 수 있을까?

네이버는 2018년 2분기 매출 1조 3,636억원, 영업이익 2,506억원을 기록(연결기준)했다고 밝혔다. 매출은 전년 대비 20.7% 증가하며 사상 최대를 기록했으나 영업이익은 2017년 3분기 3,121억원을 기록한 이후 3분기 연속 감소하고 있다. 실적 하락의 주요원인은 동영상 콘텐츠를 소비하는 시간은 빠르게 증가하는데 반해 포털사이트 유입 감소와 SNS 사용시간의 정체 등으로 기존에 주력했던 사업들의 성장이 감소했기 때문이라고 보고 있다.

유튜브,
사용시간 1위

현재 네이버를 가장 크게 위협하는 플랫폼은 '유튜

브'이다. 유튜브를 보며 자란 세대들은 이제 궁금한 게 있으면 녹색창의 네이버가 아니라 유튜브를 검색하기에 이르렀다. 이에 대항하기 위해 네이버도 네이버TV를 중점적으로 홍보하고 있지만, 역부족인 것이 현실이다. 참고로 와이즈앱에 따르면 유튜브는 2017년 8월부터 우리나라에서 가장 오래 사용하는 채널로, 거의 모든 연령대에서 독보적인 사용시간을 자랑하고 있다. 2위는 카카오톡, 3위가 네이버이다.

네이버가 포털업체로서 넘버원의 자리는 지키고 있지만 시대의 흐름에 맞춰 동영상 콘텐츠를 위한 전략이 필요한 시기이다. 네이버도 이러한 부분에 대해 적극 공감하고 있으며, 많은 전략을 준비하고 있다.

네이버의 새로운 시도, V

…▸

최근 네이버에서 가장 주목하고 있는 키워드는 'V'로, V는 동영상(Viveo)을 뜻한다. 동영상 플랫폼에서 사용자들의 이탈이 많아지자 동영상에 경쟁력을 집중하는 모습을 보이고 있다. 블로그가 web+log였다면 이제 Vlog(video+blog)로 변화를 시작하는 것이다.

네이버는 포털에서 점유율 우위를 차지하기 위해 동영상 콘텐츠를 지속적으로 밀어줄 예정이며, 블로그에 올린 영상이 네이버

> VLOG(브로그)란 비디오(Video)와 블로그(Blog)를 합친 말로, 영상으로 기록한 블로그를 의미한다. 일기처럼 자신의 일상을 영상으로 기록하여 간단한 편집작업 후 업로드할 수 있다.

TV에 함께 노출될 수 있도록 준비 중이다. 네이버의 가장 강력한 플랫폼인 블로그를 동영상과 글, 이미지를 담는 멀티미디어 채널로 바꾸고, 사용자들이 원하는 기능에 더욱 집중하여 동영상 화질이나 용량, 동영상 편집기능은 물론 네이버TV와의 연동을 통해 수익채널을 더욱 넓게 열 수 있도록 할 것으로 보인다.

특히 이용자들이 보다 쉽게 동영상을 찾아볼 수 있도록 동영상 업로드시 각각의 동영상에 제목, 설명, 태그 등을 넣을 수 있는 기능을 추가하고 리스트 형식으로만 노출되던 동영상 검색 결과를 함께 보기, 크게 보기 등 옵션을 다양하게 선택해 변경할 수 있도록 할 예정이다. 또 동영상을 보고 나면 유튜브처럼 비슷한 영상들을 연속 재생시켜 주는 기능도 제공한다.

2019년, 네이버는 텍스트에서 동영상으로 옮겨가는 트렌드에 대비해 동영상 서비스 기능을 확장하는 플랫폼으로 거듭날 전망이다.

소상공인과의 상생
···▸

네이버는 소상공인들을 위한 무료 플랫폼들에 대해서도 꾸준히 지원하고 있다. 몇 번의 클릭만으로 나만의 홈페이지를 만들 수 있는 네이버 '모두'는 네이버 ID로 로그인하여 신청만 하면 홈페이지 제작부터 도메인은 물론 호스팅까지 모든 것을 무료로 이용할 수 있다. 제작한 홈페이지는 페이스북이나 인스타그램, 스마트스토어 등 다양한 채널에 연동하여 고객들에게 내 비즈니스에 대한 정보를 간편하게 보여주고 소통할 수 있다. 이외에도 내 업체를 쉽게 찾을 수 있게 해주는 온라인 간판 '스마트플레이스', 효과적인 타겟마케팅을 할 수 있는 '비즈넘버 서비스', 예약이나 예매 사이트를 자유롭게 운영할 수 있는 비즈니스 서비스인 '네이버 예약'까지 모두 무료로 제공하고 있다. 이 서비스들은 타사의 유료 서비스와 비교해도 절대 뒤지지 않을 만큼 편리하여 사용자들에게 좋은 반응을 얻고 있다.

소상공인 창업자 비용 부담 줄여주겠다

광고, 댓글과의 끊임없는 전쟁

····▸

이러한 노력 외에도 광고성 글, 가짜뉴스 등에 피로감을 느끼는 사용자들의 이탈을 최대한 막기 위해 네이버는 신뢰도 있는 콘텐츠를 가려내기 위한 C-Rank와 문서가 가진 자체의 품질을 분석하고 반영하여 선별하는 DIA 알고리즘을 사용하여 다양하고 유익한 정보성 콘텐츠를 제공하기 위해 애쓰고 있다.

2018년 드루킹 댓글 조작사건 등이 불거지면서 네이버 모바일의 첫 화면에서 실시간 급상승 검색어를 띄우지 않고 사용자가 선택할 때만 볼 수 있도록 바꾸었으며, 댓글 매크로(자동프로그램) 사용과 관련해서는 24시간 감시체제를 강화했다. 이외에도 동일IP 계정들의 댓글 제한, 반복적 댓글 제한 등도 실시하고 있다.

또한 모바일 영역에서 블로그라는 카테고리를 없애고, 블로그와 카페의 검색영역을 통합한 뷰(VIEW) 기능을 통해 신뢰할 수 있는 경험적 정보 제공과 함께 '네이버는 광고가 많다'라는 인식을 지우고 다양한 UGC를 확보하기 위해 노력하고 있다.

2. C-Rank & VIEW

네이버 검색엔진의 도약

····▶

　정보는 환영이지만 광고는 언제나 불편하다. 그런데 네이버는 우리나라 최고의 포털업체이다 보니 콘텐츠의 양이 많은 만큼 광고성 글도 많은 것이 사실이다. 그래서 이런 광고에 지친 유저들은 다른 채널을 찾아 떠났고, 네이버가 가진 가장 강력한 기능이었던 검색서비스마저 유튜브에게 위협받는 상황까지 오게 되었다.

　예전에는 네이버의 검색엔진을 연구해 검색이 잘되는 블로그를 만드는 것이 가능하던 시절이 있었다. '최적화 블로그'라고 불리며, 많은 사람들이 이 로직에 대해 연구했고 관련 강의가 인기를 끌기도 했다. 이후 다양한 변화가 있기는 했지만 2016년 말까지는 이 공식이 유지되었고, 이를 통해 최적화 블로그를 만들어 사고팔기도 했다.

C-Rank와 DIA 알고리즘의 도입

····▶

이런 상황에서 네이버가 제시한 첫 번째 해결방법은 C-Rank 로직이었다. C-Rank 로직은 주제별 관심사에 대한 집중도와 정보 품질, 콘텐츠의 소비와 생산을 계산해 글을 작성한 블로그가 얼마나 신뢰할 수 있는 블로그인지를 평가하여 좋은 콘텐츠들을 상위에 노출시켜 주는 출처 중심형의 방식이다.

이러한 C-rank의 도입으로 기존 블로그 운영에 대한 틀과 최적화 블로그 공식은 모두 깨졌고, 어뷰징 행위에 대한 스팸 필터의 기능은 갈수록 고도화되고 있다.

네이버는 또 딥러닝의 개념을 넣은 DIA 로직을 같이 적용했다. 여기서 딥러닝이란 스스로 정보를 찾아 학습을 하는 기술로, 좋은 콘텐츠에

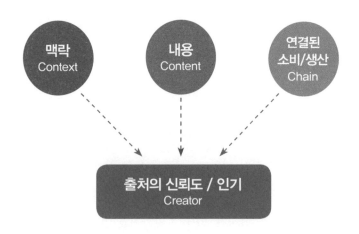

〈네이버 C-Rank 로직의 구조(출처 : 네이버 블로그)〉

대해 검색엔진이 스스로 판단하고 찾는다는 것이다. 여기서DIA(Deep Intent Analysis)란 네이버의 데이터를 기반으로 하여 키워드별로 사용자들이 선호하는 문서들에 대한 점수를 랭킹에 반영한 모델이다. 즉, 문서의 주제에 얼마나 적합한지, 경험 정보가 얼마나 충실하게 들어 있는지, 문서의 의도는 무엇인지 등의 여러 가지 요인들이 복합적으로 반영되며, 이러한 요소들은 매일 변화하는 데이터를 딥러닝으로 학습하며 노출시켜 준다. 이렇게 DIA 로직이 적용되면 사용자에게 도움이 되는 후기와 정보가 많은 문서가 상위에 노출되게 된다.

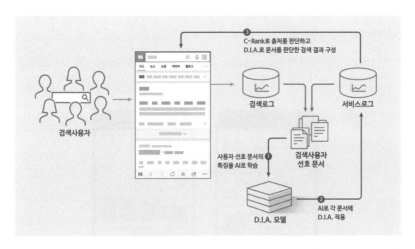

〈DIA 모델 반영 프로세스(출처 : 네이버 블로그)〉

VIEW 기능의 강화

····▸

이러한 알고리즘이 글을 쓰는 사람의 의도를 파악하기 위해 만들어진 것이라면, 최근 새롭게 서비스하고 있는 네이버의 VIEW 기능은 검색영역을 통합하여 사용자의 검색 의도에 따라 유연하게 결과물을 보여주는 모바일 검색 서비스이다.

네이버가 모바일 통합검색을 제공하기 시작한 이후 꽤 오랜 기간 동안 검색결과는 블로그·카페·포스트 등 출처 중심으로 제공되어 왔다. 하지만 VIEW라는 기능이 생기면서 기존에 모바일 검색 결과에서 확인할 수 있었던 '블로그' 탭과 '카페' 탭이 사라지고, 'VIEW' 탭으로 합쳐져서 나타나게 되었다.

VIEW 탭은 양질의 좋은 콘텐츠를 노출하기 위한 서비스로, 검색패턴

〈네이버 VIEW 기능 통합(출처 : 네이버 블로그)〉

에 대한 데이터를 가지고 사용자의 검색의도에 가장 적합한 문서를 출처가 아닌 '콘텐츠'에 맞추어 노출시켜 준다는 것이 가장 핵심이다. 참고로 네이버 발표에 의하면 VIEW에서 선호하는 콘텐츠는 다음과 같다.

1. 나만의 실제 경험과 독창적 의견이 들어간 콘텐츠
2. 시의성 있는 콘텐츠
3. 맥락에 맞는 멀티미디어가 첨부된 콘텐츠

예를 들어 '면도하는 방법'처럼 경험에 의한 정보가 필요한 부분은 블로그 영역이 VIEW에서 먼저 노출이 되고, '선크림 추천'이라는 키워드에서는 후기가 우선이기 때문에 카페 영역이 VIEW에서 먼저 노출된다.

이런 식으로 개인에게 최적화된 콘텐츠를 보여주려는 노력을 시작한 네이버! 아직까지 그 변화가 의도대로 좋게 나타날지에 대해서는 알 수 없지만 네이버의 이런 서비스는 사용자가 원하는 정보를 제공해 주기 위한 가장 본질적인 노력이자 변화의 시작이라고 본다.

블로그·카페
탭 '뷰(VIEW)'
로 통합

3. 네이버TV

스낵컬처와 스포츠에 집중한 네이버TV

...▸

절대강자 유튜브의 독주가 계속되는 가운데, 네이버를 비롯해 다른 경쟁자들도 동영상 서비스에 박차를 가하고 있다. 네이버는 네이버TV, 카카오는 카카오TV에 핵심역량을 집중하고 있고, 인스타그램은 IGTV, 페이스북은 워치를 출시하며 동영상 서비스에 뛰어들고 있다.

네이버TV는 현재 지상파와 케이블 방송의 콘텐츠가 서비스의 주축이다. 바쁜 현대인의 라이프스타일에 맞춰 스마트폰에서 볼 수 있는 라이브 스트리밍 서비스와 재미있는 부분만 짧게 편집한 영상 등 지상파와 케이블의 국내 방송 콘텐츠와 TV 속 명장면을 모아 보여주는 기능 등을 토대로 서비스를 진행하고 있다. 이는 5~15분의 짧은 시간에 콘텐츠를 소비하는 스낵컬쳐 문화트렌드에 적합한 서비스이기는 하나, 젊은 세대

들의 동영상 시청시간이 날로 늘어남에 따라 그 대안책에 대한 부분도
고민할 필요가 있다.

네이버TV의 또 하나의
강점은 바로 스포츠 콘텐
츠이다. 2018년 나스미디
어 자료에 따르면 스포츠
콘텐츠 시청시 가장 많이
이용하는 플랫폼은 네이버

스낵컬쳐란 시간과 장소에 구애받지 않고 즐길 수 있
는 스낵처럼 출퇴근시간이나 점심시간 등 15분의 짧은
시간에 간편하게 문화생활을 즐기는 라이프스타일 또
는 문화 트렌드를 말한다. 웹툰, 웹소설과 웹드라마가
대표적인 스낵컬쳐다.(출처: ICT 시사상식 2017)

TV로, 10대를 제외한 전 연령층에서 네이버TV의 이용률이 가장 높다고 나왔다. 네이버는 이외에도 지속적으로 각종 웹툰과 대중문화의 지식재산권을 확보하고 있으며, 이를 위해 계속적으로 많은 금액을 투자하고 있다. 또한 이전까지는 최근 1시간 동안 재생 수가 많은 영상을 추천했지만 지금은 TOP100에서 카테고리별 외에 테마별/남녀·연령별/주간인기채널까지 재생 수와 재생시간, 좋아요 수를 기준으로 종합적으로 집계하여 보여주는 등 이슈되는 콘텐츠를 더욱 빠르게 확인할 수 있도록 업데이트되었다.

네이버는 유튜브와 경쟁하기 위해 꾸준히 노력했으나 유튜브처럼 글로벌 해외사용자들을 포섭하기에는 여전히 부족했다. 이에 다각화 방안

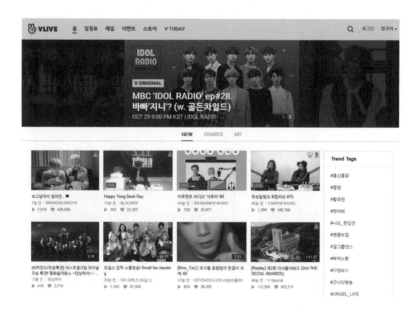

으로 네이버는 한류 아이돌 스타나 배우 등 인기 연예인이 라이브로 방송을 진행할 수 있는 글로벌 동영상 라이브 서비스인 'VLIVE'를 출시하여 유튜브와 경쟁하고 있다. 네이버는 이를 통해 네이버에서만 볼 수 있는 동영상을 더욱 확대해 나갈 방침이다.

유튜브와의 차별화

···▶

최근 유튜브가 '건너 뛸 수 없는 스킵 광고'를 추진하기로 하면서 사용자들이 유튜브를 이탈할지에 대한 부분이 새로운 이슈가 되고 있다. 유튜브에서 동영상 콘텐츠를 시청할 경우 광고가 나오고 5초 뒤 '건너 뛰기'라는 버튼을 클릭할 수 있는데, 이 정책이 시행될 경우 15초 또는 20초의 광고를 보고 콘텐츠를 시청해야 한다. 아직 정책의 실시 시기는 미정이나 조만간 실시할 것으로 예상된다.

이러한 유튜브의 스킵 광고 때문에 많은 사람들이 이탈할 것으로 보이지는 않지만 일단 광고에 대한 거부감을 가지고 있는 사용자들이 어떠한 형태로 움직일지, 그 움직임이 네이버에게 도움이 될지에 대해서는 지켜봐야 하겠다.

이러한 이슈 외에도 네이버TV는 채널 승인절차를 완화해 제작자들이 쉽게 접근하도록 할 예정이다. 또 개인 크리에이터와 별개로 네이버는 방송국, 스튜디오, 기획사와 협업해 다양한 주제에서의 영상 외주를 통해 차별화된 영상을 확보하겠다는 방침이다.

4. 블로그 & 포스트

15년 동안 쌓인 노하우, 블로그에 동영상을 입히다

···▶

네이버는 최근 핵심 서비스인 '블로그'를 동영상에 대한 위기돌파 카드로 뽑아 들었다. 네이버에서 가장 많은 사랑을 받는 서비스이자 가장 활성화된 서비스인 블로그는 출시 15년이 되었으며, 15년 동안 2,300만명이 16억개의 글을 올렸다.

네이버는 2018년 6월 15일 블로그 15주년을 맞아 마련한 '블로썸 데이 2018' 행사에서 동영상에 대한 대대적인 변화를 발표했다. 이전까지의 블로그는 텍스트와 이미지 중심의 플랫폼에 가까웠다면 이제는 블로그에서 동영상 중심의 기능들을 대폭 업데이트하고 편집기능과 검색기능까지 모두 개편해 새롭게 변화하겠다는 것이다.

동영상 플랫폼
전쟁

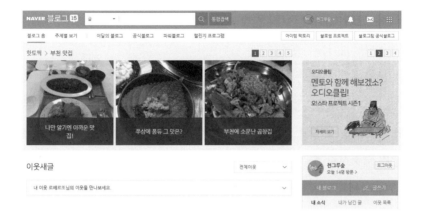

〈네이버 블로그 페이지〉

지금까지는 동영상 자체의 검색이 아니라 블로그에 올린 글의 제목이 동영상의 제목이 되다 보니 노출되는 부분이 제한적이라 아쉬웠었다. 하지만 앞으로는 동영상 업로드시 동영상의 제목과 설명 태그를 따로 설정할 수 있도록 개선될 예정이며, 이로 인해 앞으로는 네이버 검색에서 블로그 글의 제목이 아닌 동영상의 제목이나 태그 등으로 다양한 키워드 검색과 노출이 가능해진다.

또 동영상 키워드 검색시에도 연관검색어가 제시되고 특정한 키워드에 대해서는 동영상 콘텐츠가 가장 상위에 노출될 예정이다. 추가적으로 현재까지는 동영상 재생 후 다른 동영상이 연결되어 제공되지 않았지만 향후에는 연관된 동영상이 연결되어 재생되도록 개선될 예정이다.

블로그와 네이버TV의 연결

···▶

또 하나의 가장 큰 변화는 블로그가 앞으로 네이버TV와 연결될 수 있다는 점이다. 이를 통해 블로그에 올린 영상을 네이버TV에도 똑같이 쌓을 수 있고, 내 블로그에도 내가 가진 네이버TV 채널을 연동하여 동영상을 노출시킬 수 있다. 네이버TV가 가진 다양한 기술은 물론 추천 광고 등의 혜택도 블로그에서 그대로 활용할 수 있는 것이다.

이렇게 되면 블로거에게 다양한 광고수익이 생길 수 있게 된다. 블로그에 올린 동영상이 네이버TV에 전송되면 광고수익이 발생할 수 있고, 블로그에 광고를 달아 광고수익을 분배하는 애드포스트를 개선해 블로그 하단에만 광고가 노출되었던 기존과 달리 본문 내에도 1개의 광고영역을 추가할 수 있게 되고, 해당 광고 노출 여부 및 위치는 블로거가 선택할 수 있게 된다.

블로거의 편의성 위주로 개편

···▶

이러한 제도의 개편과 함께 기능적인 부분들도 대폭 업그레이드되었다. 2018년 8월을 기준으로 동영상 환경에 대한 많은 부분에 변화가 생겼다.

첫째, 동영상 업로드 부분에서는 최대 4GB / 1시간 업로드 / 1080P 해상도에서 최대 8GB / 7시간 업로드 / 4K, UHD까지 가능해져 시간

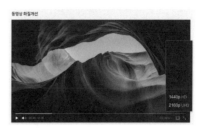

〈네이버 동영상의 용량과 화질의 개선〉

과 용량, 화질에 제한없이 동영상 콘텐츠를 업로드할 수 있게 되었다.

둘째, 무비 에디터 기능이 추가된다. 무비 에디터란 블로거가 동영상을 편하게 올릴 수 있도록 블로그 앱에서 동영상 촬영은 물론 음성 분리, 자막 편집, 스틸 이미지 추출 등 동영상을 손쉽게 편집할 수 있는 기능을 말한다.

셋째, 오토 트랜스포메이션 기술을 공개했다. 이는 블로거가 기본적인 글만 작성하면 글의 주제와 문맥에 맞게 글과 이미지, 영상를 알아서 편집해 주는 기술이다. 이를 통해 더 쉽고 편리하게 많은 콘텐츠가 블로그를 통해 생성될 것이다.

넷째, 다른 SNS에서 작성했던 콘텐츠를 직접 그대로 가져올 수 있는 기능과 모자이크 특수기능, 음성을 텍스트화해서 포스팅해 주는 기능 등이 순차적으로 도입될 예정이다.

다섯째, 라이브방송이 트렌드이다 보니 블로그에서도 인스타그램의 라이브방송처럼 소통하고 있는 이웃들에게 오픈할 수 있는 라이브방송 서비스도 추가될 예정이다.

이처럼 여러 가지 업그레이드된 기능과 인프라, 빅데이터, 검색기술 등 네이버의 경쟁력 있는 기술력을 기반으로 시대의 변화와 트렌드에 맞춰 진화할 네이버의 서비스를 기대해 볼만하겠다.

또 이를 통해 사용자들에게는 내가 원하는 정보를 더욱 정확하고 다양한 시각으로 찾아서 소비할 수 있도록 해주고, 창작자들에게는 내가 만든 콘텐츠가 더 많은 경로로 확산되어 수익을 얻을 수 있도록 해주어 네이버와 콘텐츠 제작자, 일반 사용자 모두가 만족하는 네이버가 되길 기대해 본다.

전문가를 위한 채널, 포스트

····▶

블로그가 자유로운 콘텐츠를 부담없이 발행하는 웹문서 형식이라면 포스트는 콘텐츠 전문가가 모여있는 채널이다. 2013년 11월 서비스를 시작한 포스트는 블로그에 비해 경쟁이 덜 치열하고 상위노출이 비교적 쉽고 오래 유지된다는 점에서 많은 관심을 받았다. 또한 초창기에 네이버가 포스트를 공격적으로 노출해 주면서 많은 인기를 얻을 수 있었다.

네이버
공식포스트

포스트는 카테고리를 세분화하여 시리즈를 연재하거나 카드형 글쓰기가 가능하고 주제별로 나누어 포스트 발행이 가능하기 때문에 전문적인 콘텐츠를 쌓기에 굉장히 좋은 플랫폼이다.

공식 엠블럼 부착

* 분야별로 등록 대상에 포함될 때, 기준에 따라 직접 운영하는지 여부를
  확인하여 공식 엠블럼을 표시합니다.

직접 운영 확인

각 단체별로 서류(사업자등록증, 고유번호증 등)를
제출 받아 자세히 확인합니다.

〈네이버 공식포스트〉

특히 기관이나 기업·단체 등에서 직접적으로 운영하는 포스트에는 공식 엠블럼을 부착하여 표시하고 있다. 이처럼 공식 엠블럼이 있는 곳에서 제공하는 콘텐츠의 정보성에 대해서는 네이버가 인정해 주는 콘텐츠라는 인식을 줄 수 있고, 현실적으로도 노출이 잘되는 장점이 있다. 이렇기 때문에 개인보다는 기업·기관·단체에서 더 많이 사용하고 있다.

개인 크리에이터들의 입장에서는 포스트에서 발생하는 수익모델이 없기 때문에 크게 매력적으로 다가오지 않는 채널일 수도 있다. 하지만 수익성과는 별도로 포스트를 통해 작가로 데뷔하는 경우도 있고, 실제로 구독자에게 사랑받았던 포스트가 책으로 나온 경우도 있으니 관심있

2018.09.29. ┃ 1,222 읽음
2018년 세 번째 책이 된 포스트를 소개합니다.
📍 네이버포스트소식　♡ 27　💬 1

2018.03.30. ┃ 2,317 읽음
2018년 상반기 '책이 된 포스트'를 소개합니다.
📍 네이버포스트소식　♡ 128　💬 14

〈네이버 전문창작지원 프로그램〉

게 볼 필요가 있다.

　포스트가 별도의 노출채널영역이 아닌 통합웹에 흡수되고 C-Rank 로직의 영향으로 사실상 개인이 운영하는 포스트보다 기업이나 단체에서 운영하는 포스트의 노출이 확연히 높아졌다. 이는 출처 신뢰도를 기반으로 노출 점수를 매기는 C-Rank 로직을 포스트에까지 높은 기준으로 적용시키다 보니 나타난 현상으로, 유익한 콘텐츠를 제공하기 위한 네이버의 조치였다. 하지만 꼭 공식 포스트나 공식 인증만이 노출의 우선순위라는 생각은 버리는 것이 좋다. 네이버가 가장 지향하는 것은 오랫동안 한 분야에서 전문성을 갖고 운영해온 블로그나 포스트를 상위노출될 수 있도록 하는 것이다. 특히 시리즈로 전문가의 콘텐츠를 다양하게 받아볼 수 있다는 점과 현재 네이버가 많은 부분에서 빠르게 변화하고 행동하고 있기 때문에 포스트 플랫폼에서 또 다른 변화가 있을 수 있으니 꾸준히 관심을 가져볼 필요가 있겠다.

5. 밴드

제2의 아이러브스쿨, 밴드

···▸

2012년 8월 출시된 네이버의 밴드는 초기에는 폐쇄형 성격을 띠는 모임에 특화된 채널로, 초대를 통해서만 가입이 가능했다. 제2의 아이러브스쿨이라고 불릴만큼 동창회를 중심으로 밴드가 만들어지며 4050세대들이 선호하는 중장년층의 SNS 채널로 자리잡았다.

그 후 2015년 4월 개방형 서비스로 운영방식이 바뀌면서 취미·스포츠·또래모임 등 젊은 층에서 같은 관심사의 밴드를 찾아 활동하게 되며 2030세대들에게까지 확장되기 시작했다.

2016년에 선풍적인 인기를 끌었던 때에 비하면 지금은 다소 시들해지기는 했지만 모비데이즈의 통계에 따르면 3040세대는 밴드(43.3%), 카카오스토리(29.4%), 50세 이상도 밴드(45.1%), 카카오스토리(25.1%)

순으로 집계될 정도로 중장년층이 여전히 선호하는 채널이다.

공동구매 채널로 성장한 밴드

••••▶

밴드는 초창기 폐쇄적인 성격을 지니고 있었기 때문에 폐쇄몰처럼 외부에 비해 저렴한 가격으로 판매하는 사업자들이 몰려들었고 이로 인해 밴드에서 공동구매가 활발하게 일어났다. 물론 당시 카카오스토리에서 공구를 주로 하던 판매자들이 카카오스토리를 떠나며 네이버 밴드가 이 부분을 완벽히 대체할 수 있었기 때문으로도 볼 수 있다. 주 사용 연령층의 나이도 비교적 높은 편이었기 때문에 상대적으로 구매로 이어지는 부분이 타 채널에 비해 더 높았고 소비자 또한 이 사실을 인지하고 저렴

'시크릿
공동구매'
네이버 밴드

하게 제품을 구매하기 위해 상거래를 목적으로 오픈마켓처럼 밴드를 찾는 사람들이 많았다.

2018년 2월 밴드는 운영사 캠프모바일의 합병과 함께 다시 네이버의 품으로 돌아왔고, 2018년 하반기에는 밴드와 카페 등을 담당하는 합병법인을 CIC 사내독립기업으로 출범시키며 독립적인 의사결정권의 구조로 바꿨다. CIC(Company-In-Company) 제도는 글로벌 성장 가능성이 높은 조직에게 운영에 필요한 경영 전반을 독립적으로 결정할 수 있도록 권한을 주고 자율성과 책임감을 부여하는 제도이다.

네이버는 이를 통해 미국을 중심으로 한 글로벌 커뮤니티 시장에 더욱 박차를 가할 것으로 보인다. 현재 미국 내 월간 사용자 수(MAU)가 100만명을 넘어서고 있는 밴드를 통해 미국의 대형 교육단체 등과 파트너십 제휴를 활발하게 맺으며 그룹 커뮤니티 분야의 많은 사용자를 확보하려는 시도를 적극적으로 진행하며 글로벌 공략 가속화를 나설 것으로 보인다.

글로벌 커뮤니티 시장에서 좋은 성과를 얻어가고 있는 밴드가 지금은 주춤한 한국 시장에 어떤 방향성을 제시할지 좀 더 지켜볼 필요가 있다고 보며, 민첩한 조직 운영과 시도로 다시 한 번 밴드 열풍을 일으킬 수 있을지 기대해 본다.

6. 라인

해외에서 승승장구하는 라인

...▶

라인은 네이버의 자회사인 라인주식회사가 개발한 글로벌 모바일 메신저다. 라인 메신저는 우리나라의 대표적인 메신저 카카오톡의 그늘에 가려 시들했지만, 해외에서는 승승장구하고 있다.

라인은 일본, 태국, 인도네시아, 대만 등 아시아 4개국에서 국민 메신저로서 자리잡고 있다. 라인의 월간 사용자는 약 2억명으로, 전 세계 메신저 서비스 순위에서 8위를 차지하고 있다. 특히 일본에서는 메신저 시장 점유율 1위를 차지하고 있다. 이러한 글로벌시장의 지위에 힘입어 네이버의 라인 및 기타 플랫폼 부문 매출은 전년 동기보다 22.9% 성장한 4,812억원을 달성했다.

　일본에서 라인은 일본인들의 일상에 깊숙이 자리잡고 있다. 자체 페이 서비스인 '라인페이'의 경우 일본에 방문한 외국인들이 쓰는 모습을 볼 수 있을 정도로 익숙한 광경이 되었다. 또 '라인뮤직'(2018년 5월 기준 앱 다운로드 수 2,600만건, 정기권 이용자 수 130만명)은 일본에서 사용자 층이 두터운 음악 스트리밍 서비스로 성황리에 운영 중이다.

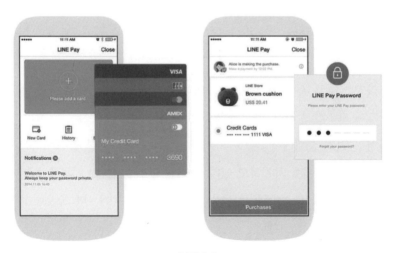

〈라인페이〉

라인은 또 쇼핑 플랫폼으로도 지속적으로 발전하고 있다. 국내의 딥러닝 기반으로 상품을 자동추천하는 에이아이템즈 기술을 가지고 일본 '라인쇼핑'에서 상품 추천기술을 도입해 운영 중에 있다. 앞으로 더욱 더 정교한 상품 추천이 가능해질 것이며, 국내외에서 라인의 영향력은 날로 성장할 전망이다.

네이버 라인, 인기 상승세 지속

캐릭터 시장의 진출

····▸

더불어 라인의 캐릭터 상품인 라인프렌즈도 많은 사랑을 받고 있다. 국내에서는 카카오톡에 가려 라인이 힘을 쏟지 못했지만, 해외 캐릭터

〈라인프렌즈〉

시장에서는 카카오톡 캐릭터보다 '라인프렌즈'의 인기가 훨씬 높다. 라인프렌즈는 특히 일본에서 폭발적 인기를 얻고 있으며, 각 캐릭터마다 고유한 성격과 스토리텔링을 통해 하나의 캐릭터 브랜드를 만들어 나가고 있다.

라인프렌즈는 의류·패션잡화·인테리어·장난감·애니메이션 등에서 약 6,400종의 상품과 디자인으로 활용되었고, 관련 상품들의 인기는 날로 높아져 2015년 1월 라인의 캐릭터 사업을 별도로 운영하는 '라인프렌즈'가 독립법인으로 분사되었다.

라인프렌즈의 인기는 이렇듯 일본에서 시작하여 우리나라는 물론 중국과 동남아시아를 거쳐 미국까지 확대되었고, 나라마다 캐릭터 전문매장과 팝업스토어를 통해 지속적으로 성장하고 있다. 라인프렌즈의 인기에 따라 실적도 높아졌는데, 2015년 매출 376억원에서 분사 1년만인 2016년에는 1,010억원을 기록하며 흑자로 전환했고, 2017년의 매출은 1,267억원으로 집계되었다.

2018년 3월 라인프렌즈는 도쿄 하라주쿠에 플래그십 스토어를 리뉴얼 오픈하며 글로벌 100번째 매장을 열었으며, 2018년 4월에는 홍대에 플래그십 스토어도 오픈했다. 공유·소통·연결이라는 라인의 철학이 묻어나는 라인프렌즈 홍대점(비라운드)은 라인프렌즈 스토어 중 400평 규모로 가장 큰 스토어다. 오픈 당일에만 약 8,000여명이 방문했고 현재까지도 국내외 방문객들의 방문이 이어지고 있다.

암호화폐 및 금융상품 판매

···▶

라인은 다양한 금융 관련 사업까지 영역을 확장하며 글로벌 경쟁력을 높여 나가고 있다. 라인을 통해 모바일 보험을 출시하고, 자체개발한 암호화폐 '링크'를 공식 발표하며 암호화폐 거래소와 보험·대출·증권까지 사업을 확장하고 있다.

네이버는 2018년 7월 일본 자회사 라인을 통해 블록체인 플랫폼 '링크체인'를 선보였고, 10월 암호화폐 거래소 비트박스를 통해 보상형 암호화폐인 링크(LINK)를 공개했다. 링크는 라인에서 출시되는 서비스를 이용할 때마다 링크체인을 통해 이용자들에게 보상으로 지급되는 보상형 코인이다. 발행되는 링크의 암호화폐 수는 총 10억개인데 이 중 8억개는 링크 서비스에 참여하는 이용자에게 이벤트의 형태로 지급되며, 이는 콘텐츠, 상거래, 개인 간 송금, 게임, 암호화폐 거래소 등 다양한 일상생활 서비스에서 활용될 예정이다.

블록체인은 여러 규제

〈링크를 소개하고 있는 비트박스 페이지〉

때문에 국내에서 사업 육성이 어려운 기술이지만 차세대 주력기술이고 시대의 거스를 수 없는 흐름이기 때문에 네이버가 일본의 자회사 라인을 통해 어떠한 이슈를 만들어 낼지 2019년에는 집중해서 봐야 할 것이다.

이러한 서비스들을 통해 라인은 이용자들에게 지속적으로 편안함을 제공하고, 네이버가 가진 자본력과 기술력을 통해 다른 채널에는 없는 다양한 기능과 편의성을 제공하면서 더 많은 사용자가 유입될 것으로 예상된다.

7. 네이버쇼핑

판매자와 소비자 모두에게 매력 있는 플랫폼

...▶

현실에서 다윗이 골리앗을 이기는 경우가 얼마나 많을까? 하지만 온라인에서는 다윗이 골리앗을 이기는 경우를 종종 본다. 네이버는 네이버쇼핑을 통해 다윗에게 골리앗을 이길 수 있는, 작은 회사가 대기업을 이길 수 있는 기회의 장을 제공하고 있다.

네이버는 국내 최대 포털사이트의 지위와 낮은 수수료를 무기로 온라인 쇼핑시장에서 빠르게 성장했다. 산업연구원에 따르면 네이버쇼핑의 거래액은 2017년 4조 6,000억원을 기록했다. 또한 2017년 12월 기준으로 스마트스토어에서 연매출 1억원 이상의 쇼핑몰 운영자가 1만명 이상으로 집계되었다.

〈네이버쇼핑〉

네이버쇼핑은 누구에게나 동등하게 물건을 팔 수 있도록 수많은 기능을 제공한다. 또 수많은 데이터와 여러 가지 교육, 컨설팅, 장소, 편집 가능한 템플릿 등 많은 것들을 제공하고 있다. 쇼핑몰 구축과 절차도 마치 블로그나 카페를 개설하고 글을 쓰는 것만큼 간단해 2017년 스토어팜을 통해 생긴 신규 창업자도 1만 5,000명에 달했고, 2018년에는 더 많은 사람들이 스마트스토어 채널로 몰렸다.

검색부터 로그인, 상담, 결제 그리고 적립까지 한번에!
····▶

네이버쇼핑의 가장 큰 장점은 검색과의 연동이다. 그리고 검색부터 시작해 로그인, 상담, 결제, 적립까지 모두 네이버를 통해 한 번에 해결이 가능하다.

소비자는 물건을 살 때 단순한 구매평만 볼 수 있는 오픈마켓에 비해 네이버 플랫폼 안에서의 쇼핑은 제품 검색부터 사용자들의 구매후기를 카페와 블로그를 넘나들며 얼마든지 자유롭게 볼 수 있어 편리하다. 또한 소셜로그인 서비스를 통해 별도의 회원 가입 없이도 네이버 ID로 로그인이 가능하도록 번거로움을 줄여주었다.

뿐만 아니라 네이버페이를 통해 결제까지 이루어지고 다른 사이트에서 구매했더라도 네이버페이로 구매 후 쌓인 포인트를 이용해 할인을 받을 수 있다. 네이버페이 하나로 모든 포인트를 통합관리할 수 있으니 소비자의 입장에서는 쓰지 않아야 할 이유가 없다. 고객이 원하는 상품의 검색과 비교, 구매까지 이뤄지는 모든 단계에 있어서 소셜로그인, 스마트스토어 방문, 네이버톡톡 상담, 네이버페이로의 결제까지의 연결은 타 채널과 비교했을 때 너무나 큰 강점이다.

특히 공인인증서를 쓰거나 따로 번거로운 절차를 걸치지 않고 미리 등록한 정보로 쉽게 결제가 가능하고, 문의사항은 네이버톡톡을 통해 쉽게 쓰고 빠르게 답변을 받아볼 수 있다.

구매자와 판매자의 소통이 가능한 채널
···▶

구매자뿐만 아니라 판매자의 입장에서도 온라인으로 상품을 판매할 때 어떤 채널을 선택할지는 상당히 중요한 부분이다. 네이버의 스마트스토어는 쇼핑몰과 블로그의 장점을 결합한 쇼핑몰 구축 솔루션을 갖고 있어 이용자 접근성이 뛰어나고 타 채널에 비해 낮은 수수료 등의 다양한 장점이 있다.

또한 네이버는 별도의 비용을 들이지 않고 상품을 노출하고 판매할 수 있도록 스마트스토어와 네이버쇼핑, 쇼핑윈도와 같은 무료 플랫폼을 지속적으로 출시하고 부가적인 기능들을 흐름에 맞춰 빠르게 업데이트하며, 구매자와 판매자의 빠른 소통과 관리를 돕는 등 다양한 서비스를 제공하고 있기에 판매자의 입장에서는 아주 매력적인 채널이 아닐 수 없다.

네이버쇼핑은 가격비교, 상품평, 상품정보, Q&A 등 여러 가지 제품을 비교·검색하여 잘 팔리고 소비자에게 반응이 좋은 제품을 상단으로 올려주기 때문에 꼭 광고비를 많이 쓰는 대기업이나 특정 업체가 노출되는 게 아니라 시장의 판단에 의한 합리적인 상품이 검색된다. 이 정도면 구매자나 판매자 모두 네이버쇼핑 서비스를 이용하지 않을 이유를 찾는 것이 더 어려울 정도이다.

현재 네이버쇼핑은 스마트스토어의 검색 경쟁력 강화에 더욱 집중해 상품명 외에도 다양한 키워드 검색 기능을 추가하여 디테일한 쇼핑 편의를 강화하고 있다.

소규모 창업자들과의 상생

···▶

네이버쇼핑은 이런 편의성 외에도 창업자들에 대해서도 전폭적으로
지원하고 있다. 2019년부터는 스마트스토어의 1년 미만 신규창업자를
대상으로 월 500만원 미만의 거래액에 한해 1년간 결제수수료를 면제
해 주는 '스타트 제로수수료 프로그램'을 실시하기로 했다. 그리고 판매
자들의 성장을 돕고 가깝게 소통하기 위해 오프라인 공간인 파트너스퀘
어도 서울과 부산에 이어 광주지점도 오픈하여 네이버의 스마트스토어
를 사용하는 사업자들의 비즈니스에 꼭 필요한 교육 프로그램과 스튜디
오 공간을 제공하는 등 다양한 지원을 아끼지 않고 있다.

또 오프라인 매장을 온라인으로 들여와 판매자들에게 새로운 가능성

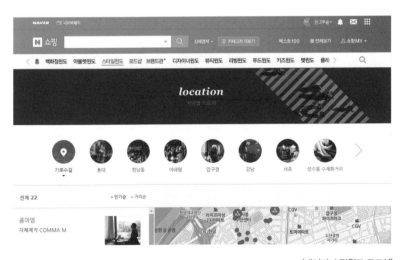

〈네이버 쇼핑윈도 로드샵〉

을 제시해준 '쇼핑윈도'도 관심을 끌고 있다. 쇼핑윈도는 패션/리빙/푸드/아트 분야 등 전국 각지의 다양한 오프라인 상점의 정보를 제공하는 쇼핑 플랫폼으로, 스마트스토어 채널과 별도로 심사가 진행된다. 쇼핑윈도는 오프라인 매장 판매를 하는 경우에만 개설과 운영이 가능한데, 오프라인 매장의 사진과 정보를 적어 올리면 바로 판매가 가능하며 쇼핑윈도를 운영하기 위해 별도의 온라인 쇼핑몰을 구축하지 않아도 된다는 점은 굉장히 매력적이다. 또한 구매를 위한 결제와 관리시스템을 무료로 제공해 주고 네이버는 네이버페이를 통한 결제수수료만 받는다.

네이버, 패션 등 콘텐츠 강화

이미 오프라인과 온라인을 연결해 O2O 쇼핑 플랫폼으로 커머스 사업을 확대하고 있는 네이버의 여러 가지 서비스들과 정책이 2019년에는 어떻게 우리에게 다가올지 기대해 볼만하겠다.

8. 스마트스토어

공짜로 만드는 온라인 상점, 스마트스토어

···▶

지금까지 네이버쇼핑의 강점에 대해 알아보았다. 이제 온라인에서 물건을 판매하려고 한다면 지금 당장 스마트스토어를 시작해야 한다.

〈네이버 스마트스토어〉

스마트스토어는 '샵N'에서 '스토어팜'으로, '스토어팜'에서 '스마트스토어'로 바뀐 서비스 명이다. 2012년 샵N 서비스를 시작했을 당시 네이버를 등에 업고 있는 플랫폼이어서 업계에서는 큰 기대를 했지만 처음부터 순탄하지는 않았다. 가장 큰 이유는 판매자들의 입점이 쉽지 않았고 기존의 오픈마켓보다 수수료가 훨씬 높았기 때문이다. 이후 2014년 6월 스토어팜으로 변화를 시도하면서 수수료를 12~15%에서 1.74~6.74%로 낮추고, 기존 오픈마켓과 같은 상품등록서비스로 판매자들이 간편하고 쉽게 플랫폼의 서비스를 이용할 수 있도록 개편했다. 그리고 곧바로 네이버쇼핑 영역에 상품이 바로 연결되어 노출될 수 있는 시스템을 만들어 제공했다. 이때부터 스토어팜은 날개를 달기 시작했고, 여러 가지 다양한 서비스를 통해 온라인 판매의 한 축을 담당하게 되었다.

특히 스마트스토어는 모든 서비스가 무료라는 점에서 판매자에게는 엄청난 강점으로 다가왔다. 작은 회사에서 쇼핑몰을 구축하려면 많은 돈과 시간을 필요로 하는데, 스마트스토어는 이러한 부분을 매뉴얼화하여 제공해 줌으로써 쉽게 자리잡을 수 있었다. 또 하나의 큰 장점은 낮은 수수료이다. 입점·등록·판매에 따른 수수료는 무료이고, 네이버쇼핑 매출연동수수료만 2% 정도로 아주 낮게 적용하고 있다. 그리고 이러한 결제수수료 및 여러 가지 진행사항 등은 네이버에서 모두 알아서 처리해 준다.

이처럼 스마트스토어는 네이버 노출에 유리하며, 수수료가 저렴하고, 마케팅채널과 상담채널, 결제까지 손쉽게 연동이 된다. 다만 다른 검색 사이트의 노출에 최적화되어 있지 않고, 기능들을 마음대로 추가하거나

나 변경할 수 없다는 등의 단점은 감안해야 한다.

네이버톡톡과 연계

⋯▸

스마트스토어는 '네이버톡톡'이라는 상담채널을 제공하여 실시간 소통을 가능하게 했다.

네이버톡톡은 네이버의 다양한 플랫폼에서 상호연동하여 사용이 가능한 기능으로, 현재 주력하고 있는 네이버의 대표적인 상담서비스 중 하나이다. 번거롭게 앱을 따로 설치해야 할 필요도 없고, 친구 추가를 하지 않고도 판매자와 소비자를 이어주는 실시간 커뮤니케이션 서비스이다. 최근에는 네이버톡톡에 인공지능 기반 AI 챗봇서비스를 도입하여 문의에 대한 부분 중 일정부분은 자동처리가 가능해졌고, 처리율은 무려 40%에 달해 고객응대에 많은 시간을 쏟는 불편함을 해소시켜 주어 소상공인들의 업무효율을 높여주고 있다.

〈네이버 톡톡〉

9. 네이버페이

스마트페이의 시대

···▶

스마트페이란 네이버페이·카카오페이·토스·삼성페이 등 공인인증서 없이 스마트폰으로 결제하는 간편결제서비스로, 하루 평균 1,174억 원이 이용되고 있을 정도로 빠르게 성장하고 있다.

네이버페이는 네이버 ID 하나로 다수의 가맹점에서 복잡한 회원가입 없이 편리하게 쇼핑부터 결제·배송까지 관리할 수 있고, 네이버뮤직이나 영화·웹툰 등의 디지털콘텐츠까지 다양하게 결제할 수 있다. 2017년 6월 기준으로 간편결제서비스 중 가장 많은 가입자를 보유하고 있으며, 결론부터 말하자면 네이버페이는 더 빠르게 커질 것으로 예측된다.

네이버페이,
온라인 1위
우뚝

110

간편결제시장의 최강자, 네이버페이

···▶

   강력한 쇼핑 플랫폼인 스마트스토어에는 약 20만명 가량의 판매자들이 입점해 있으며, 연간 거래액은 약 7조원 정도로 추산되고 있다. 네이버는 스마트스토어 입점시 별도의 수수료나 셋팅비용을 받지 않는 대신에 간편결제서비스인 네이버페이를 통해 결제를 유도하는 전략을 앞세우고 있다.

   특히 네이버는 쇼핑 플랫폼의 확대를 위해 중소상공인들에게 다양한 지원 및 정책을 아끼지 않고 있으며, 네이버 자체에서 제공하는 비즈니스 무료 서비스 툴을 따라올 수 있는 다른 플랫폼도 현재는 전무하다. 그렇다 보니 결국 더 많은 신규등록 업체들이 찾아오게 되고, 네이버페이의 시장도 함께 커지는 선순환의 구조가 이루어지고 있다.

〈네이버페이〉

금융상품과의 연계

네이버페이는 간편송금이나 간편결제 서비스를 하는 핀테크 기업들이 잇따라 금융투자업에 진출하고 있는 상황에서 미래에셋대우와 제휴하여 CMA 연계서비스 등 네이버페이를 통해 다양한 금융상품을 선보일 예정이다. 당장의 수익이 얼마나 나올지는 예측할 수 없지만 네이버

네이버 日서
금융사업

가 가지고 있는 빅데이터가 있고 자회사인 라인 메신저도 현재 금융 관련 사업을 확장하고 있는 상황이기 때문에 다양한 측면에서 수익이 다각화될 것으로 예측해 본다.

1. 모바일 라이프 플랫폼, 카카오

카카오톡을 중심으로 한 카카오 서비스

···▸

IT 트렌드를 이끄는 선봉장, 공룡기업 카카오는 네이버와 함께 우리나라 포털서비스의 거대한 양대산맥이다.

1997년 다음은 국내 최초 무료 메일인 한메일 서비스를 운영했고, 2000년에는 다음검색 서비스를 운영하면서 포털사이트로 자리매김했다. 그리고 2014년에 국내 2위 포털과 국내 1위 모바일 메신저 업체인 ㈜다음커뮤니케이션과 ㈜카카오가 합병하면서 다음카카오라는 회사명으로 운영이 되다가 카카오로 사명이 바뀌었다. 카카오는 현재 모바일 메신저(카카오톡), 포털(다음), 결제(카카오페이), 음악, 만화, 게임, 카카오TV, 카카오택시, 카카오프렌즈 등 전방위적으로 다양한 사업을 하고 있다.

카카오는 카카오모빌리티나 카카오페이 등 대부분의 비즈니스를 '카카오톡'을 중심으로 운영하고 있다. 대한민국의 모든 국민이 쓰고 있다고 할 정도로 강력한 카카오톡 플랫폼을 '어떻게 비즈니스 영역에 녹여내느냐'가 카카오의 가장 중요한 핵심 요소이다.

〈카카오의 다양한 서비스〉

카카오의 주력사업군, 카카오T

⋯▶

카카오에게는 다양한 사업군이 있지만 내비게이션을 통한 자동차 플랫폼으로의 확장에 꽤 많은 에너지를 쏟고 있다.

카카오T는 국내 모바일 내비게이션 2위 사업자이며, 내비게이션을 넘어 자동차 플랫폼을 넘보고 있다. 모바일 내비게이션 시장은 향후 승차공유, 자율주행차 등 차량 플랫폼 경쟁에도 영향을 미칠 수 있다. 내비게이션을 통한 빅데이터 정보가 많아질수록 다양한 정밀 서비스를 제공할 수 있게 되기 때문에 내비게이션 서비스에 집중하고 있다. 카카오와 경쟁을 하고 있는 업체는 SK텔레콤으로, T맵은 카카오와 함께 국내 모

모두의 이동을 위한
카카오 T

답답한 이동 시간이 짧아진다면, 당신의 소중한 시간은 더 길어지고,
생활 속 이동의 불편함이 줄어든다면 당신이 할 수 있는 일은 더 많아집니다.
카카오 T 가 만드는 새로운 변화를 지금 만나보세요!

바일 내비게이션 1, 2위 사업자다.

내비게이션이 중요한 사업군으로 각광을 받는 이유는 자주 가는 맛집 정보 등 길 안내 정보 및 이용자의 운전습관을 통해 수집된 빅데이터를 가지고 보험정보 제공 등 여러 가지 사업에 대한 확장성을 가져갈 수 있다는 점 때문이다.

내비게이션뿐만 아니라 카카오택시의 영향력은 국내에서 엄청나다. 서비스 하나가 우리의 삶을 바꾸고, 그 편의가 너무 커서 없었던 시절을 회상하고 싶지 않을 정도이다. 이러한 영향력은 국내뿐만 아니라 해외로도 점점 확장되고 있다. 이제 일본에서도 카카오 서비스를 만나볼 수 있는데, 카카오모빌리티는 일본 택시호출서비스 기업인 '재팬택시'에 150억원을 투자했다. 재팬택시는 '카카오T'와 '전국택시' 앱을 연동한 '택시로밍서비스'를 출시할 예정인데, 이 서비스가 출시되면 양국 방문객이 기존에 이용하던 앱으로 간편하게 현지에서 택시를 호출할 수 있게 된다.

꾸준한 신규사업 투자

....▶

카카오는 2018년 8월 2분기 실적발표를 통해 매출 5,889억원, 영업이익 276억원을 기록했다고 밝혔다. 매출은 전년 동기 대비 26%, 전 분기 대비 6% 증가했으며, 영업이익은 전년 동기 대비 38% 감소했고, 전 분기 대비 165% 늘었다. 모든 사업부문에서 지속적인 매출 증가를 보이고 있으며, 분기 최대 매출을 기록했으나 신규사업 투자와 마케팅 비용 증가 등으로 영업이익은 감소했다.

카카오는 크게 콘텐츠와 기술, 두 부문에 집중적으로 투자를 하고 있다. 우선 콘텐츠 분야에서는 2017년 4월 카카오뱅크에 1,540억원을 출자한데 이어, 카카오페이지에 1,000억원, 카카오재팬에 800억원 등 2018년 상반기에만 약 3,500억원을 출자했고, 국내외 웹툰과 게임·음원 부문에도 적지 않은 마케팅비용을 투자하고 있다. 그리고 블록체인 등 신기술 확보에도 대규모 자금을 투자하고 있는 상황이다.

이러한 투자에 힘입어 카카오는 꾸준히 트래픽이 늘어나고 있으며, 전 사업부문에서 골고루 매출액이 커지고 있기에 앞으로 카카오의 행보에 대해 주목할 만하다.

카카오, 투자 안 아낀다

2019년 카카오는 주요 수익원의 성장을 위해 AI와 빅데이터를 활용한 신규 광고플랫폼 '카카오모먼트'를 전체 디스플레이 상품으로 확대 적용시키며 광고 매출에 박차를 가할 예정이다. 또한 카카오톡에서 제공하는 선물하기, 프렌즈, 게임즈, 메이커스 등 커머스 사

인공지능 기반
새로운 카카오
광고 시작

업을 확장하며 비즈니스 모델 강화와 양질의 콘텐츠 확보를 통해 이용자 기반을 계속적으로 넓혀나갈 예정이다.

2. 카카오톡

국내 모바일시장 점유율 95%를 차지하고 있는 카카오톡은 전 국민의 메신저 역할을 톡톡히 하고 있다. 스마트폰이 생기고 가장 큰 변화를 기억해 보면 우리가 사람들과 헤어질 때 가장 많이 했던 "문자해"라는 말을 "카톡해"라는 말로 바꿀 정도로 카카오톡은 우리의 일상을 바꾸어 놓았다.

카카오의 최종병기! 카카오톡

⋯▸

카카오는 카카오톡이라는 국민 메신저를 가지고 '생활밀착형'이라는 키워드를 전면으로 내세운다. 플랫폼 경쟁력을 중심에 두고 보면 포털 사이트 다음도 큰 존재감을 가지고 있었으나, 카카오와 다음이 합병한 후 사명을 다음카카오에서 카카오로 변경한 것에서 알 수 있듯이 카카오톡은 카카오의 핵심무기임에 틀림없다. 다음카카오에서 카카오톡을 빼놓는다는 건 사실 상상할 수 없는 일이다.

전 국민이 사용하는 메신저답게 카카오의 서비스는 카카오톡을 기반으로 확장되는 경우가 대부분이다. 카카오페이, 카카오택시, 카카오페이지, 선물하기 등 교통과 금융, 콘텐츠 등 분야를 가리지 않고 카카오톡과 연결되어 있다.

카카오는 핀테크 영역에서도 카카오톡을 적극 활용하고 있다. 카카오뱅크, 카카오페이 모두 카카오톡 기반이며, 이외에도 외환·보험 등 카카오톡을 활용한 핀테크가 더 확장될 것으로 전망된다.

〈카카오톡〉

하지만 이렇게 모든 것이 카카오톡에 맞물려 있다 보니, 이는 역설적으로 카카오톡의 위기가 카카오의 위기가 될 수도 있음을 의미한다. 전국민 메신저 서비스를 강점으로 가져가며 개인화된 콘텐츠 큐레이션을 전략적으로 운영하고 있으나, 카카오톡의 영향력이 커질수록 카카오의 위기나 위험요소가 커질 수도 있는 것이다.

1020세대의 이탈

....▶

이런 강한 영향력을 가지고 있는 카카오톡이 최근 1020세대들에게 입지가 흔들리고 있다.

2017년 12월 기준 카카오톡의 30대 미만 월간 순이용자 수(MAU)는 약 750만명으로, 1월 대비 약 10%가 감소한 것으로 나타났다. 특히 24세 이하의 청년층이 많이 이탈하는 모습을 보이고 있는데, 이들은 시간이 지나면 직장을 다니는 구매력을 갖춘 소비자가 되기 때문에 청년층의 이탈에 대한 부분은 민감하게 받아들여야 한다.

그럼 왜 청년층들이 카카오톡을 외면하게 된 것일까? 직접적인 요인은 1020세대들이 페이스북 메신저(페메)와 인스타그램 DM으로 많이 이동했기 때문이다. 10대들은 기성세대와는 다른 자기만의 문화를 만들고 싶어하며, 메신저의 특성상 학교나 모임에서 많이 쓰면 자신도 쓸 수밖에 없기 때문에 친구들이 SNS 메신저를 쓰는 패턴이 점점 더 늘어나게 되면 이들의 페이스북 및 인스타그램 메시지로의 이탈은 계속적으로 늘어날 것으로 예상된다.

특히 페이스북 등의 SNS는 오프라인에서는 모르는 사람이라도 온라인에서 친해지고 싶은 경우 손쉽게 소통할 수 있게 해준다는 장점과 페이스북에서는 앱에 접속해 있는 사람을 즉각적으로 알려줘 그때그때 메시지를 보낼 수 있고, 전화번호 없이도 이용가능하다는 점에서 젊은 층에서 크게 선호하고 있다.

서비스 확장에 따른 피로감 증가

...▶

카카오톡의 과도한 서비스 확장 또한 서비스를 사용하지 않는 1020세대에게는 피로감으로 다가올 수 있다. 특히 카카오톡의 비즈니스 모델인 플러스친구 광고메시지부터 시작해 메이커스, 쇼핑기능, 헤어샵 등 많은 커머스 기능들이 생기며 메뉴가 복잡해지고 있다. 이처럼 1020세대가 직접적으로 많이 사용하지 않는 상업적인 서비스들이 계속 늘어나며 거부감을 느끼기 시작한 것도 카카오톡 이탈의 원인으로 볼 수 있다.

이러한 현상은 카카오톡을 주력 서비스로 하는 카카오에게는 상당히 긴장을 해야 되는 요소로, 1020세대의 이탈은 앞으로 큰 위협요소가 될 수 있다. 왜냐하면 카카오페이 및 카톡 선물하기 등 카카오톡을 기반으로 운영되는 서비스들이 많기 때문이다.

3. 플러스친구 & 알림톡

카카오톡의 비즈니스 모델, 플러스친구와 알림톡

···▶

　기업을 운영하거나 소상공인이라면 2019년에 가장 주목해야 할 서비스 중 하나가 바로 카카오톡의 비즈니스 모델인 '플러스친구'와 '알림톡'이다. 네이버에 '네이버톡톡' 서비스가 있다면 카카오에서는 '플러스친구'가 있다고 보면 된다.

　플러스친구는 고객과의 소통과 광고를 위한 상담채널이고, 알림톡은 진행사항 및 정보를 알려주는 소식채널이다. 플러스친구는 고객이 채널을 추가해 줘야 하기 때문에 마케팅을 통해 모집을 해야 하며, 알림톡은 고객의 여러 가지 진행사항 및 정보를 카카오톡이 설치되어 있는 모든 사람에게 메시지를 보낼 수 있는 기능이다.

기업형 카톡, 플러스친구

···▶

플러스친구의 원래 서비스명은 '옐로아이디'였으나 2017년 5월 '플러스친구'라는 이름으로 변경되었다. 플러스친구는 고객들과 1:1 상담이 가능한 채널로, 한글명으로 검색이 가능하고 단체메시지를 보낼 수 있으며 동시에 여러 명의 관리자 지정이 가능하다.

특히 플러스친구는 고유의 링크 주소(URL)가 있어 쉽게 공유가 가능하고 클릭만으로 플러스친구에 방문하도록 유도할 수 있으며, 카카오톡처럼 바로 상담이 가능하다는 것은 우리나라의 성격 급한 소비자들과의 상담에 엄청나게 유용한 기능이다. 또 카카오톡 기반이기 때문에 도달율이 상당히 높고, 자동응답 기능, 원하는 시간대에 상담 설정기능 등 편리하고 다양한 기능을 보유하고 있다.

플러스친구로 ID를 추가한 사람들에게는 제품 판매, 이벤트, 프로모션, 홍보 등 다양한 콘텐츠를 카카오톡 메시지로 전송할 수 있다. 단체메시지는 월 1,000건씩 무료로 제공해 주고 있으며, 그 이후는 건당 15원부터 시작해 메시지 내용이나 분량, 보내는 형태에 따라 비용이 다르다(2019년 2월부터 메시지 무료 제공이 중단된다). 이렇게 광고 메시지를 통해 즉각적으로 빠르게 홍보할 수 있다는 강점 때문에 많은 기업과 단체, 개인사업자, 프리랜서 등이 관심을 가지고 있다.

메시지 형태는 기본텍스트형(이미지, 동영상, 버튼 첨부가 가능한 기본형 메시지)과 와이드리스트형(다수의 소식을 리스트 형태로 구성), 와이드이미지형(이미지, 동영상을 강조)이 있다. 기본텍스트형은 글자 수

메시지 작성

〈플러스친구 메시지 발송 유형〉

400자이며, 와이드이미지형은 이미지를 크게 보여줄 수 있으나 글자 수가 76자로 제한되어 있다. 와이드리스트형은 여러 개의 이미지를 넣을 수 있지만 텍스트는 넣을 수 없다는 제약이 있다. 이외에도 쿠폰기능 등 여러 가지 상업적으로 사용할 수 있는 기능들이 많이 있다.

플러스친구는 기업부터 지자체, 소상공인 모두에게 활용도가 높은 플랫폼으로, 앞으로의 방향성이 무궁무진한 채널이다. 계속적으로 사용자의 니즈에 따라 업그레이드되는 플러스친구의 앞날을 기대해 볼만하겠다.

알림문자가 바뀌고 있다

···▸

최근에 택배회사나 금융기관에서 카카오톡 알림을 받았던 기억이 있는가?

대국민 메신저답게 대한민국의 거의 모든 스마트폰 사용자가 카카오톡을 이용 중이다 보니 '알림톡' 기능이 크게 활용되고 있다. 문자메시지보다 비용도 적고 반응 확인이나 홍보에도 훨씬 더 편하다. 2018년 7월 기준 알림톡 유료가입자는 약 2만여 곳으로 전년 동기 대비 246% 늘었다. 이처럼 카카오톡의 알림톡이 점점 보편화되면서 더 늘어나는 추세이니 2019년에는 더 많은 기업과 관공서의 정보를 카카오톡에서 만날 수 있을 것이다.

〈카카오의 알림톡 서비스〉

사실 우리가 아는 많은 기업과 관공서가 이미 알림톡 기능을 제품 홍보에 활용하고 있다. 대표적으로 소셜커머스 업체인 '티몬'은 알림톡으로 물품 구매 및 배송조회서비스를 제공하고 있다. 티몬이 플러스친구 70만명(현재 약 98만명)이었을 당시 구스패딩 제품의 구매 링크를 플러스친구를 통해 발송했는데, 이 메시지로 판매한 금액이 무려 5억원으로 ROAS(광고비 대비 판매금액)가 5,000%에 달했다. 실로 엄청난 효과가 아닐 수 없다.

기업뿐만 아니라 정부기관도 카카오톡을 통한 '알림톡' 서비스를 적극적으로 활용하고 있다. 최근 강동구와 은평구 등은 민원 진행상태와 처리결과, 온라인예약 알림 및 구청 소식 등을 알림톡으로 제공하고 있는데, 사람들이 편하게 소식을 받을 수 있어 만족도가 상당히 높다.

**은평 알림톡
서비스 시작**

카카오의 플러스친구와 알림톡 서비스는 고객이 따로 별도의 어플을 설치하거나 웹으로 접근하지 않아도 된다는 편의성이 있어 더욱 확산될 전망이다.

4. 카카오스토리

출시 하루만에 1위에 오른 카카오스토리

...▶

카카오스토리의 시작은 '정말 대단했다'라는 말 외에는 표현할 수 없을 정도였다. 2012년 3월 20일 출시 직후 하루종일 포털사이트 인기검색어 1위는 물론 앱스토어 소셜부문 1위를 석권, 출시 하루만에 앱스토어 무료 인기항목에서 전체 1위를 차지했고, 출시 열흘만에 1,000만명 이상이 가입했을 만큼 정말 핫한 채널이었다. 카카오톡 친구로 등록되어 있는 친구를 그대로 가져와 볼 수 있고 사진과 글로 소소한 일상을 공유할 수 있어 서비스 전까지 수시로 카카오톡 프로필 사진과 내용을 바꾸던 사용자들의 취향을 그야말로 저격했다. 하지만 2018년 현재의 카카오스토리는 그런 시절이 있었나 싶을 정도로 고전하고 있다.

소소한 이야기는 카카오스토리

구독기반의 스토리채널　　　　　　　　　편하게 쓰고 나누기

〈일상의 소소한 이야기를 나누는 카카오스토리〉

카카오스토리는 왜 외면받았나?

••▸

2014년도 1분기 월평균 사용자 수(MAU) 2,400만명에서 2018년에는 1,439만명으로 현저히 줄어들었고, 이용률의 감소폭도 SNS 채널 중 전년 대비 31.7%로 가장 컸다. 그리고 2018년 주 이용 소셜미디어로 카카오스토리를 꼽은 응답자는 9.6%에 불과했다.

그렇다면 사용자가 카카오스토리에 등을 돌린 이유는 무엇일까? 먼저 시대와 맞지 않는 알고리즘을 들 수 있겠다. 전화번호와 카카오톡 친구를 기반으로 스토리를 맺고 볼 수 있기 때문에 공유하고 싶지 않은 사람에게 사생활이 노출되고, 본인의 의지와 상관없이 친구를 맺어야 하는 상황이 생기다 보니 점점 콘텐츠를 올리다가 중단하는 경우가 많아졌다.

　또한 카카오스토리의 주 이용자가 대부분 30대 이상의 주부층이 많다 보니 SNS 활동이 적극적이지 않고 지속성이 부족하기도 했으며, 젊고 트렌디한 이미지로 브랜딩하려던 시작과는 다르게 카카오스토리는 결국 올드한 채널로 인식되어 젊은 층에게 점점 외면받게 되었다.

　사용자뿐만 아니라 카카오스토리를 비즈니스 플랫폼으로 이용하던 기업들도 광고비 상승과 함께 상업적 제재가 높아짐에 따라 타 채널로 이탈이 많아졌다. 때마침 네이버에서 카카오스토리를 대체하기 딱 좋은 플랫폼인 밴드를 출시했는데, 이로 인해 대부분의 비즈니스 사용자들이 밴드로 이동하며 마케팅영역에서의 카카오스토리는 쇠락의 길을 걷게 되었다.

5. 카카오게임즈

카카오의 효자, 카카오게임즈

····▶

카카오페이, 카카오뱅크, 카카오택시, 카카오대리운전 등 모바일에서 카카오의 손길이 닿지 않는 곳을 찾기는 사실상 쉽지 않다. 이러한 카카오의 다양한 서비스 중에서 효자상품을 꼽으라면 단연 카카오게임즈와 카카오프렌즈이다(카카오프렌즈는 다음 장에서 살펴본다).

카카오게임즈는 카카오의 게임 전문 자회사로, 카카오톡과 다음의 게임서비스를 통합하여 국내외 게임시장에서 PC, 모바일, VR 등의 플랫폼을 아우르면서 다양한 장르의 게임을 서비스하고 있다.

대한민국 스마트폰 사용자 3명 중 2명이 설치했다는 게임이 바로 카카오게임즈의 대표작인 '애니팡'이다. 2012년 10월 11일 서비스를 시작하여 74일만에 다운로드 건수 2,000만건을 돌파했다. 국내 사용자만

**다양한 모바일게임을
지금 바로 즐겨보세요!**

RPG부터 퀴즈게임까지 다양한 모바일게임이 가득

입점된 게임만 500여개~ 심심할 땐 카카오게임과 함께하세요!

트렌디한 유저를 위한 사전예약 서비스

기다렸던 게임의 출시 알림부터 특별한 보상까지 모두
받아가세요!

으로 다운로드 수 2,000만건을 돌파한 게임은 애니팡이 처음이었다. 당
시 카카오는 애니팡, 드래곤 플라이트 등의 게임들을 필두로 대한민국
모바일 게임업계에 많은 이슈를 만들었다.

　특히 카카오게임즈는 인기 캐릭터 카카오프렌즈의 지식재산권을 활
용하여 카카오 캐릭터가 나오는 다양한 모바일 게임을 끊임없이 선보이
고 있다. 2015년 8월 '프렌즈팝'을 시작으로 '프렌즈사천성' '프렌즈팝
콘' 등 카카오 캐릭터를 이용해 지속적으로 게임을 출시하고 있다. 그리
고 카카오게임즈는 주요 역량을 강화하기 위해 자회사 '프렌즈게임즈'
를 설립하고, 2018년 4월 '카카오게임 공모전'을 진행했다. 카카오게임
공모전은 카카오프렌즈를 활용한 유저 창작 'HTML5 스낵게임'과 관련
게임에 대한 유저 '팬아트' 부분에서 우수작을 심사하는 이벤트로, 카카
오게임즈는 물론 카카오프렌즈 IP 관련 사업을 활성화하기 위해 진행된

유저 공모전이다.

카카오게임즈는 이처럼 다양한 게임과 서비스를 개발·운영하며 게임 퍼블리셔 및 디벨로퍼로서 다양한 지식재산권(IP)과 콘텐츠를 확보하여 세계 게임시장의 석권을 목표로 하고 있다. 이러한 변화들을 통해 2019년 카카오게임즈의 진화를 기대해 볼만하겠다.

모바일게임과 온라인게임에 집중

···▶

카카오게임즈의 모바일게임 서비스는 여러 가지 형태로 나누어진다.

카카오게임은 카카오톡의 소셜 파워를 기반으로 한 세계 최초 모바일 메신저 기반 게임 플랫폼으로, RPG부터 퀴즈게임까지 약 500여개의 다양한 게임이 입점되어 있다. 카카오톡의 메뉴에서 '게임' 카테고리에 접속하면 가볍게 즐길 수 있는 스낵게임부터 다양한 게임 소식까지 확인할 수 있다. 그 외에도 전국의 약 1만여개의 PC방과 가맹을 맺고 PC방 퍼블리싱 사업을 진행하며, 현재 배틀그라운드 외 검은사막, RF온라인 등 7종의 게임을 서비스하고 있다.

'스낵게임'은 별도의 어플리케이션 설치 없이 즐길 수 있는 HTML5 기반의 게임으로, 카카오톡 채팅방으로 공유해 친구와 함께 즐길 수 있다. 또 모바일 게임을 PC에서도 즐길 수 있는 '별플레이'는 별플레이 사이트에서 별앱플레이어를 다운로드하여 설치한 뒤 구글플레이 계정만 등록하면 간편하게 윈도우에서도 이용할 수 있다.

〈카카오 게임즈 별플레이〉

상장 재추진 여부 관심

...▶

2018년 카카오게임즈의 가장 큰 이슈는 코스닥시장 상장철회였다. 카카오게임즈는 상장예비심사청구서 제출 후, 우량기업에 주어지는 패스트트랙을 적용받아 6월 말 상장예비심사 승인을 받은 바 있지만 여러 가지 이유로 상장철회를 결정했다.

그 이유로 카카오는 경영전략상 핵심사안과 게임 개발, 지식재산권 (IP) 기업의 인수·합병(M&A) 등 과제들을 예정대로 추진하는데 우선순위로 두기 위해 철회한다는 의견을 밝혔다. 2018년 재정비를 통해 2019년 재추진 계획을 가지고 있으니 지켜봐야 겠다.

6. 카카오프렌즈

독보적 1위, 카카오 캐릭터

····▶

카카오의 캐릭터는 카카오톡 메신저의 이모티콘으로 처음 등장한 후 이제는 여러 가지 제품·공간·전시 등 우리 일상에서 편하게 만나는 친숙한 캐릭터가 되었다.

카카오프렌즈는 카카오의 주력 아이템 중 하나로, 다양한 캐릭터가 있다. 사자(라이언), 개(프로도), 고양이(네오), 복숭아(어피치), 단무지(무지), 콘(공룡) 등으로 이뤄진 카카오프렌즈 캐릭터는 우리나라 캐릭터시장에서 독보적 1위로서 인기를 누리고 있다.

특히 카카오프렌즈는 강남 등 주요거점에 오프라인 샵을 열어 한국을 방문하는 많은 외국인 관광객들과 국내 소비자들에게 선풍적인 인기를 끌고 있다. 카카오페이와 카카오뱅크의 성공요소 역시 카카오 캐릭

터를 카드에 넣는 홍보로 많은 이들의 관심을 얻을 수 있었다.

　한국콘텐츠진흥원의 조사 결과에 따르면, 2017년 국내 캐릭터 인지도 1위는 카카오프렌즈(32.2%)가 차지했다. 전년 대비 무려 10%p 넘게 상승한 수치다. 카카오프렌즈의 인기는 해마다 높아지고 있는 추세로, 지난 2015년 7위에서 시작해 2016년 3위, 2017년 1위를 기록했다.

　2017년 카카오프렌즈의 로열티 수익만 200억원에 이르고 있을 정도로 카카오 자회사 가운데 단연 주력 계열사 중 하나이다. 특히 2017년에는 카카오톡 이모티콘 구매자가 1,700만명을 넘겼는데, 이러한 인기를 반영하여 캐릭터를 통한 여러 가지 파생상품 및 다양한 브랜드와의 콜라보를 통한 제품이 만들어지고 있다.

캐릭터
슈퍼스타
"나야 나!"

오프라인시장과 해외시장 진출

...▶

카카오프렌즈는 2018년 7월 사명을 카카오IX로 변경했다. IX는 Innovative eXperience의 약자로, 라이프스타일에 대한 혁신적인 경험을 제공하는 회사라는 의미를 담고 있다. 카카오IX는 '카카오프렌즈'를 포함해 다큐멘터리 매거진 '매거진B', F&B 브랜드 '일호식' '세컨드키친' '콰르텟', 신개념 공간플랫폼 브랜드 '사운즈' 등 다수의 라이프스타일 브랜드 콘텐츠가 합쳐지면서 캐릭터와 문화콘텐츠의 좋은 시너지가 기대된다.

카카오IX는 강남 플래그십 스토어, 홍대 플래그십 스토어, 부산 플래그십 스토어를 포함해 국내 23개의 오프라인 매장을 전국에 보유하고 있으며, 캐릭터인형 등 다양한 소품과 문화콘텐츠를 즐길 수 있는 공간으로 성장하고 있다. 이 매장들은 엄청난 인기를 얻으며 사람들로 늘 북적거리며, 외국인 관광객을 대상으로 발행하는 관광책자에 꼭 가봐야할 관광명소로 소개되기도 했다.

카카오IX는 라이언 등 카카오의 캐릭터를 통해 국내에서는 높은 인지도와 흥행을 하고 있지만 해외에서는 아직 라인프렌즈 캐릭터만큼의 인기를 얻지 못하고 있어 지속적으로 해외 라인업에 힘을 쏟고 있다. 특히 2018년 8월에는 미국 로스앤젤레스에서 열린 세계 최대 규모의 K-컬처 페스티벌인 '케이콘'에 공식 후원사로 참여하며 글로벌 시장 진출에 박차를 가하고 있다. 케이콘 행사에서는 단시간만에 '카카오프렌즈 LA 리미티드 에디션'이 완판되며, 이를 통해 현지에서도 이슈를 만드는

<케이콘의 공식 후원사 카카오프렌즈>

데 성공했다. 앞으로 글로벌 온라인몰도 오픈될 예정이라고 하니 그 추이를 지켜봐야 할 듯하다.

친근감을 무기로 인테리어 소품까지

⋯▶

최근 카카오 캐릭터를 앞세운 AI스피커는 나오자마자 완판이 될 정도로 인기를 끌고 있다. 4차산업혁명의 큰 이슈 중 하나인 AI스피커 시장에 카카오프렌즈를 앞세워 친숙하고 귀여운 캐릭터를 동원해 인테리어 효과와 함께 스마트홈 시장을 열어가고 있는 것이다. AI스피커는 스마트홈 사업을 위한 필수요소이며, 점점 더 우리 삶 속에 필수불가결의 제품으로 자리잡고 있다.

이렇게 카카오프렌즈의 캐릭터 상품들은 '친근감'을 무기로 다양한 연령층을 파고 드는 것은 물론이고 어떤 사업과도 어울릴 수 있는 확장성에 주목할 만하다.

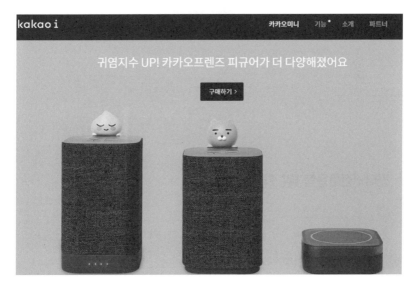

〈카카오 스피커 '카카오미니'〉

7. 카카오뱅크 & 카카오페이

인터넷전문은행 1위, 카카오뱅크

···▶

2017년 K뱅크에 이어 2번째로 오픈한 카카오뱅크는 출범 1년만에 650만명이 가입한 자산 10조원 규모의 1등 인터넷전문은행이다. 100% 스마트폰 전용으로 운영되며 만 17세부터 가입이 가능하다.

2017년 4월 1일 국내 최초로 출범한 K뱅크는 상반기 실적이 다소 좋지 않았지만, 2017년 7월 27일 영업을 시작한 카카오뱅크는 나오자마자 폭발적 인기를 끌었다. 출범 27일만인 2017년 8월 23일 291만 계좌를 넘어섰고 1년만인 2018년 7월 22일 기준으로 633만 계좌를 돌파했다. 특히 카카오 캐릭터를 접목시킨 체크카드를 출시하면서 이 체크카드를 받기 위해 많은 사람들이 카카오뱅크에 가입을 했고, 이 여파를 몰아 비교적 낮은 대출금리를 적용하며 인기몰이를 했다.

모바일로 더 손쉬운
계좌개설, 간편한 이체

공인인증서, OTP 없이 계좌 개설이 간편해요.
며칠 간의 이체도 몇 번의 터치로 손쉽게 보낼 수 있습니다.

카카오뱅크 입출금통장 ›

카카오뱅크의 가장 큰 특징은 '공인인증서가 필요 없는 인증서비스'
이다. 카카오뱅크는 지문 등 생체정보나 비밀번호 입력만으로 사용자가
은행업무를 볼 수 있도록 한 간편한 '자체인증시스템'이 가장 핵심적인
사용이유로 뽑혔다. 특히 간편송금시 생체인식 및 패턴으로 빠르게 송
금할 수 있으며, 계좌번호를 몰라도 카카오톡 이름만으로 송금할 수 있
어 타 은행에 비해 엄청나게 간편하고 시간을 절약할 수 있다. 또 카카
오뱅크는 2019년 6월 30일까지 ATM기의 수수료를 받지 않고 있다. 두
번째 특징은 사용자 경험 UX에 따른 간편한 사용환경과 친숙한 캐릭터
사용으로 뽑혔다.

참고로 카카오뱅크는 2020년 기업공개(IPO)를 앞두고 있기 때문에
2019년까지 흑자 전환을 목표로 하고 있다.

카카오페이

····▶

비밀번호나 지문 등을 입력해 스마트폰으로 간편하게 결제할 수 있는 서비스인 간편결제서비스가 '카카오페이'를 시작으로 계속 성장하고 있다. 카카오페이는 대국민 모바일 메신저인 카카오톡을 등에 업고 온라인뿐만 아니라 QR코드를 이용해 오프라인에서도 결제할 수 있도록 하는 등 꾸준히 영역을 확장하고 있다.

카카오의 금융사업은 '카카오뱅크'와 자회사 '카카오페이' 그리고 암호화폐 거래소 업비트를 운영하는 '두나무'로 운영되고 있다. 여기서 모바일 간편결제와 간편송금서비스를 하고 있는 카카오페이는 2018년 9월 기준으로 월간 거래액 2조원을 돌파했으며, 간편송금이 80% 정도를 차지하고 있다. 한국은행의 '2018년 2분기 중 전자지급서비스 이용현

황' 자료에 따르면 2018년 2분기 간편결제서비스 이용실적은 하루 평균 363만건, 1,174억원으로 집계됐다.

카카오페이 QR코드는 개인사업자들이 카드기 없이도 결제를 받을 수 있는 서비스로, 카드수수료가 없다는 장점이 있다. 다만 현금영수증 처리나 세금과 관련해서는 보완을 계속해 나가야 할 듯하다.

2019년에는 은산분리법 통과에 따른 규제 완화로 좀 더 적극적인 핀테크 영역의 사업다각화가 될 예정이다. 이로 인해 카카오의 금융사업 성장성도 낙관적으로 점쳐지며, 카카오페이 또한 좋은 영향을 받을 것으로 예상된다.

지방세 납부 및 청구서 관리까지

···▶

카카오페이는 개인뿐만 아니라 지자체에서도 많이 활용을 하고 있다. 경기도에서는 1,300만 경기도민을 대상으로 '카카오페이 청구서'를 통한 지방세 고지납부 서비스를 시작했다. '카카오페이 청구서'는 카카오톡을 통해 각종 공과금 및 여러 가지 청구서를 관리하고 카카오페이로 간편하게 납부할 수 있는 시스템이다.

별도의 어플 설치 없이 지방세를 납부할 수 있고, 카카오페이뿐만 아니라 다양한 결제수단으로 24시간 납부가 가능하다는 점이 큰 강점이다. 미납 여부 등도 카카오톡으로 안내해 주기 때문에 종이고지서 분실에 따른 비용도 아낄 수 있다는 장점도 있다.

경기도뿐만 아니라 전국으로 확장될 카카오페이 청구서 서비스를 보면 카카오톡이 우리 일상을 얼마나 많이 바꾸어 놓았는지 알 수 있다.

8. 카카오톡 주문하기

카카오톡 주문하기와 배달 대행, 배달업계를 흔들다

···▶

카카오가 푸드테크 사업에 뛰어들었다. 푸드테크란 식품 관련 서비스업에 정보통신기술(ICT)이 결합된 것으로, 맛집 소개와 배달 중개서비스가 대표적이다. 소프트웨어정책연구소에 따르면 2017년 주요 배달앱 서비스를 통한 국내 배달음식 거래액은 2조원으로, 향후 12~14조원까지 성장할 것으로 전망되는 등 푸드테크 산업은 앞으로도 규모가 커질 가능성이 큰 분야다.

카카오는 2016년 외식 주문 중개기업 씨엔티테크 지분 18%를 사들였고, 씨엔티테크는 2018년 배달대행업체 TNB를 인수했다. 씨엔티테크와 TNB의 인프라를 활용해 카카오는 주문 중개와 배달 대행까지 진출한 것이다.

〈배달앱〉

지금까지 국내 배달앱 시장은 1위 배달의 민족(시장점유율 51%), 2위 요기요(35%), 3위 배달통(14%)으로, 이 3개 업체가 우리나라 배달앱 시장의 90% 이상을 점령하고 있다.

2017년 3월 카카오는 '주문하기' 서비스를 시작으로 배달앱 시장에 진입을 했고, 출시 2달만에 주간 방문자 200만명을 기록하는 등 폭발적인 인기를 끌었다. 2018년 9월 기준 약 300만명 이상의 회원을 확보했다.

카카오톡 주문하기는 처음 1년 동안은 프랜차이즈 브랜드의 음식만 주문할 수 있었지만, 이제는 중소사업자가 판매하는 음식도 주문할 수

있게 되었고, 치킨·피자 등 5개로 한정되어 있던 카테고리도 치킨, 피자, 중식, 한식, 간식/분식, 족발/보쌈, 야식, 일식/회, 패스트푸드 총 9개로 늘어나 선택의 폭이 넓어졌다.

카카오톡 주문하기는 별도의 앱을 다운받거나 회원가입을 할 필

요없이 카카오톡에서 바로 음식을 주문할 수 있으며, 결제 이후의 '매장 접수'나 '배달 출발'과 같은 진행과정도 카카오톡 메시지를 통해 받아볼 수 있고, 카카오페이로 결제가 가능하다는 점이 강점이다. 또한 2018년 1월 AI스피커인 '카카오미니'에서 음성을 통해 주문할 수 있도록 연동하는 등 차별화된 서비스로 꾸준히 시장을 확보하고 있다.

저렴한 수수료와 간편한 이용

이러한 강점들 덕분에 2018년 5월부터 사전입점 예약을 받은 결과 약 25,000여개의 사업자들이 가입 신청을 했고, 지금까지 1만여개 사업자가 계약을 완료해 순차적으로 입점을 하고 있다. 카카오는 경쟁업체보다 저렴한 수수료를 선보이고 있는데, 프랜차이즈가 아닌 경우 월 33,000원의 이용료만 지급하면 별도의 입점비용과 중개수수료 없이 서비스를 이용할 수 있다.

배달의 민족의 경우 월정액제와 중개수수료 등은 없지만, 기본 광고비 월 8만원과 외부결제수수료 3.3%(부가세 별도)가 있다. 요기요는 월정액제 79,900원과 중개수수료 12.5%, 건당 결제수수료 3.0%를 받고 있으며, 배달통은 광고비 3~7만원과 중개 및 외부결제수수료로 5.5%를 추가로 받고 있다.

이를 보면 카카오는 현재 업계 최저수수료로 진행 중이기는 하지만 대부분의 카카오 서비스들이 처음에는 무료 및 저렴하게 제공해 고객점

카톡으로 동네
중국집 음식도
주문

유율을 장악한 후 유료화 및 수익성을 확보하는 프로세스를 거치고 있기에 카카오톡 주문하기도 이러한 흐름대로 진행될 지는 좀 더 지켜봐야 겠다.

고객지향서비스와 소상공인과의 상생

···▶

별도의 앱을 설치하지 않고 카카오톡으로 배달음식을 주문할 수 있다는 강점이 있지만 현재 대부분의 배달 이용자들이 습관적으로 배달앱으로 주문하는 것이 익숙한 현실에서 얼마나 많은 사용자를 옮겨올 수 있을지가 카카오의 고민이다. 또한 카카오톡 주문하기는 카카오톡에 들어가 더보기를 누르고 주문하기를 또 누르는 등 상대적으로 복잡한 절차를 거치기 때문에 이를 어떻게 극복해야 할지도 문제이다. 이런 복잡성 때문에 카카오가 별도의 카카오 배달앱을 만들지도 주목해야 할 것이다.

그리고 중소상인들 사이에 배달앱에 대한 과도한 수수료 문제가 거론되고 있는 만큼 카카오도 가격정책 및 광고전략에 대해 많은 고민을 해야 할 것으로 보인다. 소상공인 입장에서는 절박한 마음으로 울며 겨자먹기로 배달서비스를 가입하는 경우도 있기 때문에 카카오가 얼마나 업주들과 상생하며 시장을 변화시킬지 2019년을 지켜봐야 하겠다.

1. 페이스북, 영웅은 난세에 태어난다

SNS의 절대강자, 페이스북

...▸

최근 가장 핫한 동영상 플랫폼은 '갓튜브'로 불리우는 유튜브이고, SNS의 신흥강호는 누가 뭐라 해도 이용자 수 상승폭이 가장 큰 인스타그램이라는 것에 반박할 여지가 없다. 또한 우리나라의 포털은 네이버가 독점하고 있다. 바야흐로 춘추전국시대이다.

하지만 페이스북 역시 가장 많은 이용자를 보유하며 SNS에서 쉽게 자리를 내어주지 않고 강호의 자리를 지키고 있다. 아이폰이 우리나라에 출시된 직후인 2010년 본격적으로 상륙한 페이스북은 현재 어디까지 와있는가?

2004년, 마크 저커버그와 친구들이 하버드대학교 재학생들의 프로필과 정보를 공유할 목적으로 SNS 형태인 페이스북을 런칭했다. 그 이후

〈페이스북 페이지〉

페이스북은 전 세계에서 가장 많은 이용자들이 사용하는 SNS 채널로 성장했으며, 한 달에 약 22억명이 사용할 만큼 대중적인 서비스로 자리 잡았다.

국내 토종 SNS들을 모두 멸종시킬만큼 강력했던 페이스북의 강세에 싸이월드, C로그, 미투데이 등 토종 SNS가 페이스북의 벽을 넘지 못하고 서비스를 종료해야만 했다. 인스타그램이 페이스북의 가장 큰 경쟁 상대이지만 페이스북은 선견지명으로 인스타그램까지 2012년에 이미 인수했다. 하지만 굳이 인스타그램을 인수하지 않았더라도 국내에서 가장 많은 이용자를 가지고 있는 페이스북의 입지에 대해 누구도 반박할 수 없을 것이다.

우리나라의 SNS별 이용률은 페이스북(67.8%), 인스타그램(51.3%), 밴드(36.7%), 카카오스토리

IT 트렌드 변화의 중심 SNS

(33.7%), 트위터(16.2%) 순이다. 이 중 1020세대에서 가장 많이 사용하는 SNS 앱은 페이스북(30.7%)과 인스타그램(29.7%) 순으로 집계됐다(출처 : 나스미디어, 2017년 인터넷 이용실태 조사).

SNS 1등 기업 페이스북의 2018년 2분기 매출은 132억 3,000만달러(14조 8,387억원)로, 전년 대비 같은 기간보다 42% 증가했으며, 순이익은 32%나 늘어 51억 2,000만달러(5조 5,000억원)가 넘었다. 하루 실사용자 수(DAU)도 전년 동기보다 11% 많은 14억 7,000만명을 기록했다. 석 달에 5~6조원을 버는 회사, 순이익증가율도 30%가 넘는 엄청난 회사이다.

하지만 이러한 페이스북에도 적신호가 감지되었다. 2018년 8월 닐슨코리안클릭에 따르면 페이스북의 월 이용자 수는 2016년 8월 기준 1,896만명에서 2018년 7월 1,580만명으로 감소(-16%)했다. 이러한 숫자가 보여주듯, 철옹성 같았던 페이스북의 주가가 결국 폭락했다. 2018년 7월 26일 2분기 실적을 발표한 이후, 하루만에 증발한 시가총액은 1,197억달러(약 134조원)이다. 미 증시 역사상 액수 규모로 역대 최대 하락이다.

페이스북의 악재, 이용자의 이탈

···▶

가짜뉴스, 개인정보 유출 등의 논란에도 굳건했던 페이스북의 주가가 떨어진 이유로는 이미 많은 사용자를 가지고 있는 페이스북에서 더 이상 이용자 수가 늘어나기 힘들다는 현실적인 문제, 이용자의 이탈, 신규 시장 창출의 난관, 유럽연합의 개인정보 보호 규제 등이 악재로 작용하며 페이스북이 흔들렸다.

특히 개인정보 보호를 위한 미국과 유럽연합의 SNS 통제 강화 움직임이 큰 이유 중 하나인데, 2018년 5월에 도입된 유럽 개인정보보호법(GDPR) 시행 이후 페이스북의 유럽 이용자 수는 무려 300만명이나 감소했다. 또한 22억명이 넘는 이용자를 보유한 페이스북이 성장을 가속화하려면 13억 인구의 중국시장 진출이 절대적으로 필요하지만 중국 정부의 강한 규제 때문에 쉽지 않은 상황이다.

페이스북 같은 소셜미디어 기업은 성장 가능성이 기업가치를 결정하는 중요한 요소가 된다. 이용자가 많아질수록 네트워킹을 통한 연결이 더욱 커지고 이로 인해 체류시간이 길어지고, 결과적으로 광고에 대한 이익이 늘어나며 선순환의 좋은 고리를 이룬다. 그렇기에 소셜미디어 기업에서 가장 중요한 요소는 가입자 수, 이용자 수일 수밖에 없다.

또한 친구들과 소식을 주고받고 정보를 공유하는 소통이라는 키워드로 사용자들의 마음을 얻었던 페이스북이 이제는 광고, 가짜뉴스, 새로운 소셜미디어의 등장, 그리고 집중된 타겟층이 아닌 전 연령층을 아우른다는 장점이 역으로 단점이 되어 이탈의 이유가 되고 있다. 특히 '사생활 노출' '가짜뉴스'로 불리는 허위 정보들로 도배된 페이스북에 불안감을 느끼는 이들이 많아진 것이다.

이러한 변화와 더불어 우리 사회에서 전반적으로 확산되고 있는 '소확행' '워라밸' 등 보여지는 삶이 아닌 자기만의 소소한 행복들과 삶의 균형을 잡으려는 노력들이 시작되면서 페이스북에도 좋지 않은 영향을 미치고 있다. 인맥관리, 좋아요, 친구맺기 등에 많은 시간과 노력을 쏟아야 하는 페이스북에서 인간관계에 대한 피로도와 타인과 비교되고, 보여지는 삶에 대한 실증을 느끼기 시작했다는 점 역시 페이스북 이탈에 한몫을 하고 있다.

또 많은 모바일 이용자들이 이제는 '글'과 '이미지'보다는 '동영상' 콘텐츠에 대한 선호도가 높아지면서 쉽고 이해가 빠른 동영상 플랫폼으로 이동하는 추세이다.

이러한 여러 가지 요소에 대해 페이스북은 민감할 수밖에 없다. SNS 기업은 성장의 속도도 빠르지만 몰락의 속도 역시 빠르기 때문이다. 2019년은 페이스북에게 아주 중요한 해가 될 것이다. 성장세에 브레이크가 걸린만큼 어떻게 헤쳐나갈지 모두가 주목하고 있다.

2. 다각화되는 페이스북의 기능 및 서비스

유저의 마음을 훔쳐라

···▶

인터넷시장의 판도가 완전히 바뀌었다. 해가 지지 않는 나라처럼 굳건할 것 같았던 공룡기업들이 흔들리고 있다. 페이스북 역시 위기를 느끼며 다양한 변화를 꾀하고 있다.

유튜브는 스마트 세대에 맞는 창작자와 인플루언서들을 모집하는데 주력했으며, 그들에게 수익이나 보상을 계속 챙겨주며 양질의 동영상 콘텐츠가 지속적으로 업데이트될 수 있도록 노력하고 있다.

인스타그램 역시 젊은 세대들을 위해 라이브방송이나 24시간 내에 사라지는 '스토리' 같은 기능을 제공했다. 스토리는 '스냅챕'의 고유기능을 따라 만들었지만, 인스타그램 이용자의 니즈와 맞아 좋은 반응을 얻고 있다.

페이스북 역시 많은 사용자를 점유하고 있는 좋은 포지션에서 페이스북 메신저, 라이브방송, 함께 시청하기, 워치(Watch) 등을 선보이며 쉬지 않고 달리고 있다. 2019년에는 페이스북이 빠른 시장의 변화에 어떻게 대처할 것인가를 지켜봐야 겠다.

청년층, 카카오톡에서 페이스북 메신저로 대이동

...▶

국내에서 10대 청소년이 가장 많이 사용하는 메신저가 국민메신저 카카오톡을 누르고 '페이스북 메신저'인 것으로 나타났다. 10대 2명 중 1명 이상은 페이스북 메신저를 사용하고 있다는 통계이다.

시장조사업체인 닐슨코리안클릭에 따르면 2018년 3월 기준 국내 안드로이드 기반 스마트폰 이용자(7~69세) 중 페이스북 메신저의 이용자는 558만명으로 나타났다. 2,948만명이 이용 중인 카카오톡과 비교하면 5분의 1 수준에 불과하지만 청소년 층에서는 페이스북 메신저의 이용이 압도적이다. 관련 조사에서 13~18세 청소년들이 전체 페이스북 메신저 가입자의 23.3%를 차지하고 있으며, 총이용시간 비중은 60.3%에 달했다. 중·고등학생들이 국내 페이스북 메신저 이용시간의 절반 이상을 차지하고 있는 셈이다. 10대 청소년들이 카카오톡보다 페이스북 메신저를 선호하는 이유는 다음과 같다.

Messenger

Facebook　커뮤니케이션　

🔲 에디터 추천

③

Capture photos and videos
with fun **art** and **effects**

Make **voice** and **video**
calls from anywhere

Connect with **businesses**
that matter to you

1. '이모티콘'과 '움짤'이 무료로 제공된다.

2. 누가 온라인 상태인지 즉시 확인할 수 있다.

3. SNS의 특성상 주변 친구들이 많이 사용하면 따라 쓸 수밖에 없다.

4. 페이스북 메신저는 단체메시지에서도 누가 읽었는지 확인이 가능
   하다(카톡은 제공하지 않음).

5. 또래집단과 소통을 위해 자신들만의 네트워크를 구성하고자 하는
   10대들의 욕구와 맞물려 있다.

6. 메시지가 왔을 때 어플로 접속하지 않고 바로 확인 및 답변이 가능하다.

10대가 20대로 넘어가고, 그 20대가 30대로 계속적으로 넘어간다는 점에서 페이스북 메신저의 강세는 페이스북에게 상당히 긍정적인 요소로 작용할 것이며, 이미 확보된 페이스북 이용자의 규모가 페이스북 메신저의 가장 큰 성장잠재력이 될 것이다.

글, 이미지, 동영상을 뛰어넘어 이제는 라이브방송이 대세

···▶

인스타그램이나 페이스북에서 버튼 하나만 누르면 SNS 계정 팔로워들에게 자신의 일상을 생중계할 수 있는 라이브방송은 이제 일반적인 현상이 되어가고 있다. SNS는 이제 1인미디어로서의 역할을 톡톡히 하고 있으며, 개인만이 아니라 기업 및 정부기관에서도 라이브방송을 통

〈페이스북 라이브방송〉

해 소비자와 시민들과 소통을 하고 있다.

라이브방송은 전 세계 어디로든 빠르고 편하게 실시간으로 연결되어 세계가 하나로 이어진다는 강점을 가지고 있다. 라이브방송을 통해 실시간으로 소통이 이루어지고, 댓글을 통해 직접 참여하고 소통한다. 특히 복잡한 장비없이 개인의 스마트폰으로 바로 할 수 있다는 점에서 간편하고 편리하다.

최근에는 선거유세나 채용설명회 등 행사에 직접 참석하지 못하는 사람들을 위해 라이브방송을 운영하기도 하고, 인플루언서들이 홍보로 활용하기도 하며, 일반인이 자신의 취미생활이나 여행 등 본인의 일상을 생중계하기도 한다. 앞으로 팔로워를 많이 가지고 있는 인플루언서들의 라이브방송의 파워는 점점 더 커질 것이다.

각종 기업과 지자체들 역시 신문이나 뉴스보다 SNS가 전파력이 훨씬 더 빠르고 영향력이 크기 때문에 SNS를 통한 소통을 중요시하는 분위기이다. 최근 대구시에서는 '2018 치맥페스티벌'을 홍보하기 위해 지자체 최초로 해외 페이스북 라이브방송을 '대구 및 치맥페스티벌 홍보'라는 주제로 90분 간 진행하기도 했다. 이러한 시도들은 다른 지자체에도 귀감이 되고 확산될 것으로 예상해 본다.

이제 우리는 스마트폰만 있으면 쉽게 SNS를 통해 자신의 일상을 공유하고, 그런 일상의 모습을 통해 제품 홍보가 일어나고, 실제로 판매가 일어나기도 하는 세상 속에 살고 있다. 이러한 변화의 속도는 앞으로 점점 더 커질 것이고, 우리 삶 깊숙이 영향을 끼칠 것이다.

페이스북 '함께 시청하기' 런칭

...▶

페이스북이 페이스북의 '그룹'에서 멤버들과 동영상을 실시간으로 함께 시청할 수 있는 '함께 시청하기(Watch Party)' 기능을 2018년 7월 오픈했다. 이 기능을 통해 같은 관심사를 공유하는 '그룹'에서 라이브 또는 녹화영상을 함께 시청하며 동시에 소통하는 것이 가능해졌다.

사전 시범운영에 참여한 그룹의 만족도를 조사해 보니 참여도가 높은 영상은 수백개에서 수천개에 이르는 댓글이 달렸고, 한 번에 10시간 이상 함께 시청한 그룹도 있을만큼 반응이 뜨거웠다. 특히 요리·공예·인테리어 등 관심사를 공유하는 그룹에서 관련 영상을 함께 시청하며 질의응답을 나누거나, 메이크업·운동·음악·기술 등 전문분야에 대한 실

〈페이스북 함께 시청하기〉

시간 강의를 함께 시청하면서 배우는 것도 가능하기 때문에 앞으로 더욱 발전 가능성이 큰 기능이 될 것으로 예상된다. 현재는 페이스북 '그룹'에서만 사용이 가능하지만 향후 '페이지' 등에서도 이용할 수 있을 예정이다.

이를 통해 연예인들이 뮤직비디오의 예고 영상을 공유하거나 전 세계 팬들과 실시간 소통도 가능해지는 등 관심사를 기반으로 한 페이스북의 영향력 때문에 앞으로 많은 이용이 예상된다.

영상을 모아 볼 수 있는 곳, 페이스북 '워치'

···▶

모든 플랫폼들이 동영상 경쟁에 열을 올리고 있다. 사람들이 텍스트와 이미지보다 동영상을 더 선호하고 있기 때문에 동영상은 플랫폼에서 절대 포기할 수 없는 영역이다. 국내에서도 네이버TV 등 다양한 플랫폼들이 변화를 모색하고 있고, 인스타그램도 IGTV 서비스를 출시하며 동영상 플랫폼을 선보이고 있다.

페이스북도 동영상 부분을 강화하기 위해 '워치(Watch)' 서비스를 전 세계로 확대실시했다. 워치는 실시간 영상 및 VOD 시청이 가능한 글로벌 서비스로, TV 방송이나 실시간 라이브 영상 등을 시청할 수 있고, 콘텐츠 제작자나 프로그램을 팔로우하면 개인화된 동영상 피드 형태로 제공하고 저장이 가능해 나중에 시청도 가능하다. 페이스북 어플을 실행하면 첫 화면 상단에 'watch' 아이콘을 볼 수 있다. 페이스북이 'watch'

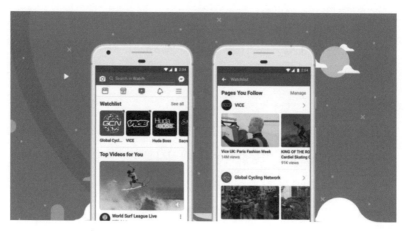

〈페이스북 워치(Watch)〉

메뉴를 2018년 10월부터 첫 화면 메인에 배치한 것을 보면 페이스북에서 'watch'에 거는 기대가 얼마나 큰지를 알 수 있다.

페이스북에 따르면 매달 5,000만명이 넘는 이용자가 페이스북 워치에서 1분 이상 동영상을 시청한 것으로 집계됐다. 워치에서는 드라마나 리얼리티TV, 버라이어티 프로그램, 스포츠 생중계부터 SNS 전용 뉴스쇼까지 다양한 장르의 VOD 서비스를 제공하고 있는데, 이를 통해 얼마나 더 많은 사용자들의 니즈를 만족시킬지 관심있게 지켜볼 필요가 있겠다.

페이스북은 콘텐츠 제작자들을 위해 영상 중간에 광고를 넣을 수 있는 기능인 '애드 브레이크'를 적용하여 수익을 만들어 주겠다고 밝혔다. 콘텐츠 제작자는 55%의 광고수익을 가져갈 수 있는데, 이를 통해 1인 크리에이터 시장에서 유튜브와 비슷한 위치를 점하겠다는 의지가 보인

다. 아시아에서는 아직 '애드 브레이크' 서비스가 제공되지 않으며 영국
·호주·뉴질랜드 등에서 우선 제공될 예정이다.

아직까지 워치 서비스가 별다른 이슈를 만들지는 못하고 있지만,
2019년에는 어떠한 모습으로 업그레이드되어 유튜브의 동영상 유저들
을 페이스북으로 오게 만들지 지켜봐야 하겠다.

3. 카드뉴스는 여전히 대세다

가독성이 좋은 카드뉴스

····▶

페이스북에서 사람들은 어떤 형태의 콘텐츠에 집중할까? 이에 대한 답은 당연히 동영상 콘텐츠이다. 유튜브가 우리 삶 깊숙이 들어올 수 있었던 것 역시 동영상이 주는 매력 때문이었다. 높은 몰입도를 통해 긴 체류시간을 올릴 수 있다는 점에서 동영상 콘텐츠를 많은 사람들이 선호한다. 그럼 동영상 말고 페이스북에서 많이 보는 콘텐츠 형태는 무엇이 있을까?

바로 카드뉴스이다. 카드뉴스라는 말은 이제 우리 일상에서 쉽게 접할 수 있는 단어가 되었다. 동영상이 대세가 된 요즘, 카드뉴스는 어떻게 견고하게 살아남을 수 있었을까? 일단 동영상 콘텐츠는 높은 몰입도와 긴 체류시간이라는 장점이 있지만, 반대로 긴 시간 동안 봐야 한다는 부담감이 있었다. 바로 그 부분을 카드뉴스로 대체할 수 있었다.

카드뉴스는 이미지 형식으로 되어 있어 모바일에서 가독성이 좋고, 그러한

> 카드뉴스란 간결한 글과 여러 장의 이미지로 메시지를 전달하는 콘텐츠 형태를 말한다. 콘텐츠가 아니라 콘텐츠를 배포하는 포맷이라고 봐야 하며, 대부분의 페이스북 페이지에서는 카드뉴스 형태의 콘텐츠를 배포하고 있다.

가독성으로 인해 전파가 잘되어 도달률이 높기 때문에 페이지를 운영하는 기관들에서는 카드뉴스를 선호한다. 특히 좋은 콘텐츠가 카드뉴스를 통해 배포되었을 때 엄청난 공유가 일어나고, 많은 사람들이 콘텐츠를 보게 되면서 전파가 된다. 그렇기에 페이스북에서 카드뉴스는 빼놓을 수 없는 영역이다.

짧고 임팩트 있는 카드뉴스를 만들어라

····▶

카드뉴스의 가장 좋은 형태는 일단 처음에 궁금증을 유발하는 것이 중요하다. 궁금증을 유발하는 수치나 단어를 선정해 사람들이 보고 싶게 만드는 것이 첫 번째이고, 그 다음은 그 궁금증에 대해 '그래서 어떻게 된 것일까?' '어떻게 해야 될 것인가?' 등의 전개를 진행하고, 세 번째로 그 궁금증에 대한 해답을 준다. 이때 그 해답에 대한 근거 및 수치화된 정답을 제시하고, 마지막으로 전체 내용을 정리해서 결론을 제시한다.

〈페이스북 카드뉴스〉

좋은 카드뉴스를 만드는 것은 상당히 중요하다. 사람들이 페이스북에서 콘텐츠 하나당 소비하는 시간은 정말 눈깜짝할 사이다. 스크롤을 휙휙 내리는 그런 상황 속에서 사람들의 손길을 멈추게 하는 이미지와 텍스트를 통해 가독성 있게 전달할 수 있는 카드뉴스는 앞으로도 많이 활용할 것으로 예측된다.

이제 정보와 뉴스가 찾아오는 것이 아니라, 우리가 콘텐츠를 찾아보는 시대에 살고 있다. 우리의 일상을 채우던 TV나 신문, 잡지가 물러나고, 그 자리를 SNS 채널이 대체하기 시작했다. 지금도 페이스북을 보면 수많은 정보가 계속적으로 생겨난다. 이처럼 넘쳐나는 정보와 광고의 홍수 속에서 잠시라도 눈에 띄기 위해 오늘도 치열한 마케팅 전쟁이 일어나고 있는 현실에서 짧고 간결하고 임팩트 있는 카드뉴스는 앞으로도 계속 우리의 일상을 파고들 것이다.

최근에는 기업 및 관공서들의 언론홍보를 위한 보도자료 배포시에도 카드뉴스 형식이 홍보효과가 높아 활용도가 증가하고 있으니, 페이스북 외에서도 카드뉴스는 한동안 인기가 지속될 전망이다.

4. 도달율에 울고 웃는 알고리즘의 변화

페이스북의 3요소

···▶

최근 페이스북의 알고리즘이 계속 변하고 있다. 알고리즘에 대해 말하기에 앞서 페이스북의 서비스에 대해 간단하게 살펴보자.

페이스북의 대표 서비스는 '개인계정' '그룹' '페이지' 이렇게 3가지로 나뉘어진다. 최근 들어 서비스가 많이 늘고 있지만, 일단 가장 큰 기준은 이 3가지이다.

우선 일반 개인이 사용하는 '개인계정'이다. 개인계정은 친구 수가 5,000명으로 한정되어 있으며, 그 이상은 친구 신청이 불가능하다. 가입자 본인만 운영할 수 있으며, 기본적으로는 상업적으로 활용할 수 없게 되어 있다. 상업적이라는 기준이 애매하지만 브랜드나 회사, 단체 등을 상업적이라고 보면 될 듯하다. 친구를 늘리는 방법은 친구맺기를 통한

정보
프로필 및 설정
프로필 사진을 추가하고 정보를
수정하고 타임라인에서 게시물
을 관리하는 방법을 알아보세요.

정보
페이지
페이지를 관리하는 방법 및 관심이 있
는 페이지에 공감을 표현하는 방법을
알아보세요.

정보
그룹
그룹을 만들고 관리하는 방법과
가입한 그룹에서 교류하는 방법
을 알아보세요.

〈페이스북 개인, 페이지, 그룹 만들기〉

수락이다.

페이스북의 '그룹'은 공통된 관심사를 가진 개인들의 모임이라고 보면 되며, 초대 및 검색을 통해 그룹 가입이 가능하다. 같은 취미를 가진 사람들끼리 정보나 관심사 공유의 목적으로 많이 사용되며, 그룹을 비공개로 운영하여 커뮤니티의 기능으로 사용하기도 한다. 최근에는 '함께 시청하기'란 기능이 업데이트되면서 활용도가 더 높아지고 있다.

페이스북의 '페이지'는 비즈니스 용도로 페이스북을 사용할 수 있도록 만든 서비스이다. 페이지에서는 광고비용을 지불하고 스폰서 광고를 진행할 수 있으며, 통계를 제공받을 수 있다. 예약 게시, 방문통계, 관리자 기능 등을 사용할 수 있다. 개인계정에서는 친구 수를 5,000명으로 제한하지만 비즈니스계정인 페이지에서는 무제한으로 운영이 가능하다.

그룹을 커뮤니티의 용도로 많이 사용한다면, 마케팅의 목적으로 사용하는 건 아무래도 페이지가 될 수밖에 없다. 그러다 보니 상업적으로 페이스북을 운영하는 사람들은 페이지 운영방법과 광고 활용방법을 제대로 알아둘 필요가 있다.

계속 떨어지고 있는 페이지의 도달율

····▶

페이지의 도달율에 대한 알고리즘이 계속적으로 변하고 있다. 도달율이란 페이지에 콘텐츠를 게시했을 때 얼마나 많은 이용자들에게 노출되는지를 말한다. 도달율은 계속적으로 떨어지고 있는 추세이며 계정마다 차이가 있겠지만 대략적으로 페이지 팔로워 수의 10% 정도라고 보면 된다.

페이스북은 좋은 콘텐츠, 광고가 아닌 지인들과의 자연스런 소통 등을 중요시한다는 명분으로 상업적으로 이용되는 페이지의 도달율을 계속 떨어트리고 있는데, 기업 입장에서는 결국 광고비용을 쓰지 않고는 페이스북에서 소통을 할 수 없다는 이야기가 된다. 기업들은 열심히 페이스북에서 이벤트도 하고 홍보도 하여 사람들을 페이지에 모았으나, 결국 그 모은 사람들에게 콘텐츠가 도달되지 않고

> 도달율 10%란 1,000명의 유저가 있는 페이스북 페이지에 글을 게시하는 경우 1,000명 모두에게 보여지는 것이 아니라 그 중 100명 정도에게 노출될 확률이 있다는 것이다. 그리고 100명의 산출기준은 시간순이 아니라 평소 페이지와 자주 소통하는 사람들에게 보이도록 관계도를 계산하는 알고리즘이 적용되고 있다.

돈을 내고 광고를 해야 하는 상황이 되다 보니 페이스북에 좋지 않은 시선을 보내고 있는 실정이다. 앞으로 이러한 광고비와 도달율에 대한 반발을 어떻게 해결해 나갈지 페이스북의 행보를 유심히 지켜봐야 하겠다.

하지만 이는 반대로 개인 사용자에게는 좋은 소식일 수 있다. 페이스북이 광고 연결을 줄이고 사람 연결을 늘리는, 이른바 페이스북 뉴스피드 개편안을 공식적으로 발표한 이유가 이용자들이 광고에 대한 피로도 때문에 페이스북을 이탈하려는 것을 막으려는 노력이기 때문이다.

결국은 좋은 콘텐츠가 중요하다

···▶

일단 페이스북의 2019년을 알기 위해서는 2018년의 변경된 내용을 확인해야 한다. 2018년 초 페이스북은 개인정보보호법, 가짜뉴스 등의 사건을 겪으면서 앞으로 노출이 잘되는 콘텐츠에 대해 언급했다.

1. 공유가 잘되는 콘텐츠이다. 공유가 된다라는 건 그만큼 유용하다는 것이기 때문에 아무래도 페이스북에서는 가장 큰 가중치를 주고 있다.
2. 좋아요나 댓글 등의 반응이 달린 글에 대해 가산점을 주고 있다. 좋지 않은 글에 좋아요를 누를 사람은 없기 때문에 좋은 콘텐츠에 대한 기준을 반응으로 체크해서 가중치를 주고 있다.
3. 다수의 댓글 및 지속적인 상호작용을 하는 글에 가산점을 주고 있

다. 2016년 페이스북은 '좋아요'로 표현하지 못하는 감정들의 한계를 느껴 좋아요 외의 '최고예요' '웃겨요' '멋져요' '슬퍼요' '화나요' 등의 5가지의 추가 반응을 할 수 있도록 업데이트를 했다. 그리고 좋아요 반응보다 이 반응들에 대해 가산점을 더 주고 있다. 이유는 좋아요 말고 다른 감정들을 누르기 위해서는 더 많은 시간과 노력을 해야 하기 때문에 페이스북에서는 이 부분을 조금 더 전문적인 콘텐츠 및 반응으로 인정하는 것이다.

결국 앞으로는 좋은 콘텐츠에 대한 공유 싸움이 될 것이다. 이로 인해 콘텐츠 크리에이터의 역량이 더욱 중요한 포지션이 될 것이며, 페이스북에서 홍보를 하고 싶은 개인 및 단체, 기업들은 카드뉴스와 동영상 등 콘텐츠에 대한 고민으로 머릿속을 가득 채워야 할 것이다.

5. 가짜와의 전쟁

관심사가 맞는 사람들과의 뉴스 공유

···▶

'2018 디지털 뉴스 리포트'에 따르면 뉴스 이용자의 65%가 뉴스 사이트가 아닌 검색엔진이나 SNS를 통한 뉴스 접근이 주요 경로로 자리 잡고 있다고 발표했다. 시대가 변함에 따라 우리가 뉴스를 접하는 채널도 변하고 있는 것이다.

필자는 SNS 강의를 할 때 수강생들에게 집에서 신문을 구독하는지 질문을 한다. 100명 기준으로 질문하면 평균 3~5명 정도가 집에서 신문을 구독한다고 한다. 그럼 나머지 95명은 어떻게 사회에 대한 소식을 접하는 것일까? 당연히 온라인을 통해 뉴스를 접하고 있다.

대부분의 사람들은 주로 네이버나 다음 등 포털사

소셜 뉴스
이용실태 보고서

이트를 통해 뉴스를 많이 접한다. 네이버 등 포털사이트를 들어가면 메인에 뉴스 소식부터 보여준다. 제목도 자극적이고, 사람들이 궁금해 할 만한 기사들이 잘 배치되어 있다. 추가적인 기사를 찾아보기도 쉽다 보니 그냥 습관적으로 뉴스를 보기도 했다. 그리고 인공지능의 발달과 함께 접속한 사람의 관심사나 취향에 맞게 추천기사를 제공하기 때문에 활용도가 높았다.

하지만 어느 순간부터 사람들은 기사에 포함된 자극적인 광고에 대한 거부감 등으로 인해 포털사이트의 뉴스에 신뢰를 잃기 시작했다. 특히 최근에는 드루킹 댓글 조작사건이 터졌고, 이후에도 가짜뉴스들이 진짜처럼 등장하면서 사람들의 신뢰가 무너졌다.

이러한 신뢰에 대한 변화와 SNS의 높은 사용률로 인해 페이스북이 뉴스 플랫폼으로의 역할을 대신하기 시작했다. 사람들이 페이스북을 자주 들어가다 보니 큰 이슈가 되는 소식들을 빠르게 접할 수 있게 된다는 장점이 있고, 페이스북 역시 알고리즘을 통해 각 개인들이 선호하는 주제와 성향을 파악해 뉴스를 보여준다. 관심도에 따라 연관된 기사를 보여주다 보니 페이스북에서 뉴스를 보게 되는 것에 익숙해지고, 먼저 페이스북에서 뉴스를 접한 후 관심있는 기사의 경우 네이버 등의 포털사이트에서 자세하게 기사를 검색해 보는 패턴이 생겼다. 특히 페이스북

못믿을 포털
'여론'

이 지속적으로 데이터베이스를 쌓으면서 점점 더 이용자들에게 맞는 뉴스를 제공하고 있기 때문에 사람들은 뉴스를 보는 채널로써 페이스북을 계속 활용할 것이다.

하지만 이러한 추세 속에서 페이스북 CEO 마크 저커버그는 페이스북이 뉴스 유통 플랫폼이기보다는 친한 사람의 소식을 공유하는 매체가 되기를 원한다는 플랫폼 운영정책을 발표했는데, 앞으로 그 변화에 대해 관심있게 지켜봐야 하겠다.

'가짜뉴스, 성인광고, 사기'와의 전쟁을 시작하다
····▶

페이스북의 사용자가 많아지고 온라인이라는 보이지 않는 공간 속에 있다 보니 각종 사기 및 성인광고에 대한 피해가 지속적으로 늘어나고

있다. 이에 페이스북은 모니터링 인원의 실시간 체크, 인공지능 기술로 키워드 추출, 내부신고 기반으로 성인광고 및 계정 사칭, 가짜계정 등을 적발하고 있다. 이처럼 필터링을 통해 계속적으로 모니터링을 하며 방패의 역할을 하고 있지만, 많은 칼날의 공격을 감당하기에는 아직 아쉬운 부분들이 많다.

페이스북은 2018년 5월, 최근 6개월간 약 13억개의 가짜계정을 적발해 사용을 중단시켰다고 밝혔다. 2018년 1분기 5억 8,300만개, 2017년 4분기 6억 9,400만개를 적발하는 등 엄청난 수의 가짜계정 혹은 계정도용 사례들이 발생하고 있다.

하지만 페이스북이 글로벌 회사이다 보니 각국마다 정책이 다르고, 한국에서의 대응 또한 느려 답변을 빠르게 받을 수 없는 상황이다. 페이스북은 각국 언어와 문화를 잘 아는 담당자를 배치한다고 설명하고 있으나 대응이 아쉬운 건 사실이다. 페이스북에서 자주 보는 전형적인 3가지 사기 유형을 살펴보자.

1. 실제 페이스북 사이트와 유사한 가짜 페이스북 사이트를 개설한 후, 광고 게시를 의뢰한다며 인터넷 주소와 함께 페이스북 메시지를 전송해서 개인정보를 탈취한 후 그 계정을 이용해 광고에 이용하거나 페이지를 판매하는 등으로 사기를 치는 수법이 있다.

우리는 '네이버 통신사'의 기사를 본다

2. 페이스북이 익숙하지 않은 사람들에게 페이스북 메신저를 통해 접근해 친해진 후 돈을 요구하는 수법이다. 생각보다 많은 사람들이 이 방법에 당해 돈을 송금하는 경우가 있으니 주의를 요할 필요가 있다.

3. 성인광고 계정이다. 친구 신청을 통해 성인만남 등을 유발하는 광고를 올리는 것이다. 가짜계정을 만들어 계속적으로 일반계정에 광고를 하다 보니 피로감이 쌓이고 있으며, 실제로도 피해가 속출하고 있다.

　이러한 사기 및 불편한 광고문제를 페이스북이 적절하게 해결하지 못한다면 페이스북 이용자는 당연히 페이스북을 외면할 수밖에 없을 것이다. 2019년에는 더욱 깨끗한 페이스북 환경을 기대해 본다.

6. 2019 페이스북 트렌드 예측

결국 콘텐츠가 답이다

···▶

마크 저커버그는 지난 2006년부터 현재까지 꾸준하게 '소셜 유틸리티'를 강조하고 있다. 소셜미디어로서의 역할이 아니라 소셜 유틸리티를 지향한다는 것은, 즉 사람들에게는 없어서는 안 될 플랫폼으로서의 역할을 원한다는 것이다. 이러한 역할 때문에 페이스북이 단순히 뉴스 플랫폼으로 전락하고 싶지 않을 것이고, 또한 콘텐츠라는 건 유행을 탈 수 있기 때문에 그런 유행을 타지 않으며 우리의 일상으로 들어오겠다는 것이 페이스북의 생각이다.

페이스북에서 텍스트·사진·동영상 등 콘텐츠 도달율에 대한 알고리즘은 계속적으로 변화해 왔지만, 해당 콘텐츠가 얼마나 사람들에게 도움이 되는지 또 가치가 있는지에 대한 부분은 변하지 않고 지속되어 왔다. 따라서 페이스북에 광고를 하려는 기업들은 결국 가치가 있는 '콘텐츠'에 대한 고민으로 시작해 '콘텐츠'에 대한 고민으로 끝이 나야 한다. 앞으로도 콘텐츠가 답이 될 것이라는 것은 변함이 없는 사실인 것이다.

기본적으로 페이스북은 페이스북의 인프라, 사진, 비즈니스 플랫폼, 보안시스템, DB를 적극 활용하여 유저들이 페이스북에서 모든 소셜 활동을 하는데 필수적인 어플이 되려는 노력을 지속할 것이다.

또한 페이스북의 가장 큰 장점은 전 세계 많은 이용자들의 DB이다. 특히 페이스북은 오랜 기간 사람들의 얼굴 사진에 초점을 맞춰오면서 이미징 데이터 분석에 전문성을 축적해 왔는데, 수많은 글과 사진 등의 데이터를 가지고 있는 페이스북의 가능성을 지켜봐야 하겠다.

이러한 전문성과 함께 페이스북은 2011년 최초로 자체 데이터센터를 구축했고, 이후 전 세계에 계속적으로 데이터센터를 설립하고 있다. 2018년에는 아시아 최초로 싱가포르에 데이터센터를 설립한다고 발표했다.

SNS쇼핑과 라이브쇼핑, 유통업계의 판도를 바꾸다

•••▶

스마트폰의 발달로 쇼핑의 트렌드가 변하고 있다. 1세대 모델이라고 볼 수 있었던 오픈마켓(지마켓, 11번가, 옥션)을 거쳐 소셜커머스(위메프, 티몬, 쿠팡)를 지나 이제는 SNS쇼핑의 시대가 왔다.

SNS를 통해 입소문을 내고 구매자들에게 특정 상품이나 서비스를 파격적인 할인가에 판매하는 공동구매의 형태로 이루어졌던 소셜커머스가 오픈마켓의 형태로 바뀌었고, 이제는 진정한 소셜커머스인 SNS에서의 제품후기 및 입소문을 통해 제품구매가 이루어지기 시작했다.

실제로 인스타그램은 최근 감성을 살린 제품 이미지를 자연스럽게 노출시켜 구매 채널과 연결할 수 있는 '인스타 샵 기능'을, 페이스북은 상점에 가지 않고도 증강현실(AR) 기술을 통해 제품을 간접체험해 볼 수 있는 AR 광고 플랫폼을 선보였다. 아직까지는 거쳐야 할 여러 관문이 많지만 AR을 통한 쇼핑은 시대적 흐름 속에서 지속적으로 발전할 것으로 예상된다.

AR 광고 플랫폼은 직접 매장에 가지 않아도 자신의 얼굴이나 공간에 광고하는 제품이 적용됐을 때 어떻게 보이는지를 볼 수 있는 서비스다.

〈AR 기술을 활용한 '가상 피팅'〉

페이스북 플랫폼을 통해 온라인에서 제품을 피팅해 보는 개념으로, 제품 경험과 사용자 구매 연결까지 가능하다. 페이스북은 이를 위해 미국 패션브랜드 Michael Kors를 시작으로 화장품 브랜드 Sephora 및 리빙 브랜드 Pottery Barn 등과의 협업을 통해 AR 기술을 활용한 '가상 피팅' 광고 서비스를 시행 중이다. 우리 나라에서도 KT와 롯데홈쇼핑이 모바일 홈쇼핑에 AR 기술을 접목해 제품을 체험하고 구매할 수 있는 서비 스를 제공하기 시작했다.

AR 서비스,
판 커진다

또 최근에는 텍스트·이미지·동영상을 넘어 라이브방송으로 연결되 는 트렌드에 따라 '라이브쇼핑'이라는 용어까지 등장했다. 개인 또는 인 플루언서가 직접 매장에 방문해 쇼핑하는 모습을 보여주며 제품을 소개 하고 이를 통해 판매까지 이루어지는 방식이다. 공동구매 형태나 할인 구매 형태 등 다양한 방식으로 구매가 이루어질 것으로 예상된다. 향후 에는 SNS 앱 내에 결제기능이 추가돼 SNS 앱 내에서의 쇼핑이 최적화 될 전망이다.

스마트폰이 발달하고, 카메라가 발달하고, 인터넷 환경이 발달되면서 쇼핑의 형태는 계속적으로 진화하고 있다. 지금까지 TV에서 홈쇼핑을 시청하고 구매했다면 앞으로는 스마트폰에서 라이브쇼핑이 점차 확산 될 것이다. 이처럼 오프라인에서 온라인으로, 그리고 모바일로 계속적 으로 쇼핑의 판도가 바뀌고 있고 그 속도는 점점 빨라지고 있다. 이러한 쇼핑의 판도에 따라 유통업계는 계속적으로 변화하고 있다. 라이브방송 이 인기를 끌 듯 라이브쇼핑 또한 그 앞날이 무궁무진할 것으로 예측되며, 빠른 결제와 개인맞춤형 데이터베이스를 통한 편리한 쇼핑, 인공지능의 도입, MCN 스타와 인플루언서 등이 어우러져 앞으로 온라인 쇼핑 시장은 엄청나게 성장할 것으로 예상된다.

누군가에게 친구 이상이 되길 원한다. 데이팅 서비스 개시

⋯▸

2018년 말부터 페이스북에서 '데이팅'이라는 서비스가 시작될 예정이다. 우선 2018년 9월 콜롬비아 지역에서 데이팅 서비스가 처음 시작되었다.

데이팅은 별도의 앱이 아니라 페이스북 내의 기능으로 추가되며, 이용자들은 기존에 있는 기본 프로필과는 분리된 데이팅을 위한 별도의 전용 프로필을 만들게 된다. 따라서 기존의 페이스북 친구는 이 프로필을 볼 수도 없고, 당신이 데이팅에서 어떤 활동을 하는지도 알 수 없다. 기본 메신저 앱과는 분리된 별도의 수신함(inbox)이 제공되며, 누군가와 처음 메시지를 주고받을 때는 사진이나 링크를 보낼 수 없다.

또한 기존 친구 외에 데이트를 원하는 페이스북 사용자들에게만 프로필을 공개하도록 하며, 뉴스피드에도 노출되지 않는다. 만약 호감이 가는 페이스북 사용자가 있으면 페이스북 메신저와 왓츠앱과는 분리된 별도로 마련된 공간에서 대화를 나눌 수 있다.

보안에 대한 부분이 이 서비스의 존망을 결정할 것이다. 보안에 대한 충분한 준비를 통해 서비스가 잘 이루어진다면 데이팅은 우리 일상에

엄청난 변화를 가져올 수 있다. 일단 우리나라를 기준으로 그 변화를 예상해 보자.

대한민국에서 남녀를 매칭해 주는 가장 대표적인 회사 '듀오'는 매월 약 15,000건의 미팅을 성사시키며, 약 200여명을 결혼시킨다. 지금까지 약 37,000여명이 듀오를 통해 행복한 가정을 이뤘으며, 현재도 3만명이 넘는 회원들의 인연 맺기를 도와주고 있다. 정확히 같을 수는 없겠지만 듀오의 역할을 페이스북의 데이팅 서비스가 대신할 수 있다는 것이다. 물론 페이스북이 듀오와 똑같은 서비스를 진행할 수는 없겠지만 엄청난 사용자 수와 젊은 타겟층, 무료라는 부분에서 그 확장성은 무시할 수 없을 것이다.

페이스북을 즐겨하는 사람 중 이성과 데이트를 하고 싶어하는 청춘남녀는 얼마나 많을까? 전 세계적으로 매월 22억명의 인구가 페이스북을 이용하며, 이들은 누군가와 친구가 되고 좋아요를 누르고 소통한다. 또한 페이스북은 엄청난 데이터를 기반으로 사용자가 선호하는 성향이나 취미·관심사를 통해 데이팅을 주선한다고 했을 때 꽤나 매력적인 서비스가 될 것이라는 것은 충분히 예상할 수 있다.

이 또한 페이스북 CEO가 말하던 소셜미디어로써의 역할이 아닌 소셜 유틸리티, 콘텐츠를 넘어선 우리의 감정과 관계, 모든 것을 아우르는 플랫폼으로서의 진화를 지향하기에 생긴 서비스가 아닐까 생각해 본다.

2019년에 이 서비스가 계속 진행될지 사라질지에 대해서는 시장에 나와봐야 알 수 있겠지만 그 시도에 대해 이해하는 것은 중요하다. 2019년에 페이스북을 통한 커플 매칭이 이루어질지에 대해 모두가 설레임을 가지고 주목해야 하지 않을까?

PART · 6

SNS
트렌드
리포트
─인스
타그램

1. 인스타그램, SNS의 판을 바꾸다

신의 한수, 페이스북의 인스타그램 인수

···▶

2012년 4월, 페이스북이 신생기업인 인스타그램을 10억달러(약 1조 1,400억원)에 인수한다고 했을 때 많은 언론과 전문가들이 페이스북의 인수는 실패한 M&A라고 입을 모았다. 그도 그럴 것이 당시 인스타그램은 이용자 수 3,000만명에 불과했고 광고 플랫폼도 갖추고 있지 않아 매출 0원의 기업이었기 때문이다. 산술적 계산을 굳이 해보지 않아도 작은 기업을 인수하는 비용으로는 너무 크다는 평가가 나올 수밖에 없었다.

하지만 지금에 와서 페이스북의 인스타그램 인수를 두고 대표적인 M&A 성공사례라는 데에 이견을 달 사람은 없을 것이다. 6년 전, 10억달러에 인수했던 인스타그램은 현재 월간 이용자 수 10억명, 2017년에

는 100억달러의 매출을 올렸다. 블룸버그 인텔리전스는 인스타그램이 5년 안에 이용자 수를 20억명까지 확대하면 기업가치는 1,000억달러를 넘어설 것이라고 추산했다. 이는 페이스북이 인수할 당시 지불한 금액의 100배에 해당하는 수치다.

인스타그램의 성장세는 그야말로 빠르고 무서울 정도다. 창업자 케빈 시스트롬의 예상은 적중해 사진을 기반으로 하는 SNS 채널인 인스타그램은 전 세계적으로 가장 영향력 있는 플랫폼이 되었다. 특히 나스미디어에 따르면 한국에서의 인스타그램 이용률은 2018년 51.3%로, 2017년 36.4%에 비해 큰 폭으로 늘어나며 가파른 성장세를 보이고 있다.

페이스북에서 인스타그램의 정확한 매출은 공개하고 있지 않지만 우리는 최근 2년간의 사용자 수를 통해 이를 충분히 짐작할 수 있다. 2016년 6월 사용자 수 5억명을 돌파하고, 같은 해 12월 6억명을 돌파했다. 그리고 2017년 4월 7억명, 9월에는 8억명을 돌파했고, 마침내 2018년 10억명을 돌파했다. 이는 최근 페이스북, 트위터, 네이버 밴드, 카카오스토리 등 다른 SNS 채널들의 국내 이용률이 하락세를 보이고 있는 중에 올린 실적이라 더욱 의미있는 수치이다.

사진으로 젊은 층을 사로잡다

····▶

이렇게 빠른 속도로 가입자 수가 늘어난 데에는 젊은 세대의 힘이 크다. 나스미디어 조사에 따르면 연령별 인스타그램 사용자는 10대 55.8%, 20대 74%, 30대 61.3%로 젊은 세대에서 많이 이용되고 있음을 알 수 있다. 물론 페이스북 또한 비슷한 수준의 이용률을 보이지만 우리가 주목해야 하는 것은 젊은 세대의 이용 행태에 있다. '글'이 중심인 페이스북에서 젊은 세대들은 콘텐츠를 소비할 뿐인데 반해, 인스타그램에

〈인스타그램의 모바일 및 PC버전〉

서는 '이미지'가 중심이 되기에 시각적 요소를 즐겨하고 있고 '인증샷' 문화에 익숙한 젊은 세대들은 꾸준히 콘텐츠를 제작해 공유하고 있다.

비즈니스인사이더재팬은 인스타그램이 젊은 세대들의 삶에 얼마나 밀접해 있는지 보도하며, 그 예로 일본 10대들의 메신저 이용을 언급했다. 현재 일본에서는 네이버의 글로벌 메신저 '라인'이 우리나라의 카카오톡과 같은 시장점유율 우위를 가지고 있는데 이를 인스타그램이 대체할 것이라고 보도했다. 해시태그를 이용해 다양한 정보 검색이 빠를 뿐만 아니라 해당 포스트에서 '언급하기' 등 댓글로 간단한 메시지를 주고받고 채널의 이동없이 바로 다이렉트 메시지를 통한 대화가 가능하기 때문이다. 우리나라에서 페이스북 메신저(페메)가 10대에서는 카카오톡보다 높은 점유율을 가지고 있는 추세가 일본에서는 인스타그램이 그 부분을 대체하는 것으로 보인다.

젊은 세대의 모든 활동영역이 인스타그램 채널 하나에서 이루어진다면 그 영향력은 매우 막강해질 것이다. 이는 광고주들이 인스타그램에 몰리는 이유를 설명하기에도 충분하다.

2. 사진으로 찍고 해시태그로 검색한다

세상의 모든 순간을 포착하고 공유한다

···▶

인스타그램 성장세의 원동력인 '인증샷'은 이제 우리의 문화로 자리 잡았다. 일상의 어디서든, 무엇을 하든 '세상의 모든 순간을 포착하고 공유한다'라는 인스타그램의 슬로건에 맞게 인증샷을 찍는 문화가 젊은 세대를 중심으로 빠르게 퍼지고 있다.

사진 촬영이 불가능했던 미술관에서도 이제는 여기저기서 셔터 누르는 소리가 들린다. 작가의 저작권을 침해한다는 인식에서 벗어나 미술관에서 오히려 사진 촬영을 권장하게 된 까닭은 무엇일까?

바로 인증샷 문화를 반영한 소비자의 트렌드가 마케팅 효과를 톡톡히 가져왔기 때문이다. 많은 SNS 채널들을 이용한 마케팅이 활성화되고 있지만 그 중에서도 인스타그램을 주목해야 하는 이유다. 구구절절 늘어

놓는 상품의 상세설명과 똑똑해진 소비자를 현혹시키려는 광고 카피 한 줄보다 사진 한 장이 주는 임팩트는 더 강렬하다. 이 사진이 광고주에 의한 것이라기보다 실사용자가 자연스럽게 찍어 올리는 사진이라면 잠재고객의 선택에 미치는 영향은 더욱 높아진다. 그만큼 광고라는 거부감이 앞서지 않고 신뢰성을 획득할 수 있기 때문이다.

해시태그로 검색하라

···▶

또한 해시태그의 역할이 다른 SNS보다 뛰어나기 때문에 해시태그를 검색해서 공감대를 형성할 수 있으며, 팔로우를 하지 않더라도 검색을 통해 소통하고 댓글 및 좋아요를 누르는 것이 가능한 채널이기에 입소문 효과가 좋다.

해시태그 트렌드를 살펴보면, 2018년 상반기에 포스팅 하나당 사용

된 평균 해시태그 개수는 약 19개이다. 1위부터 10위까지는 #일상, #소통, #데일리, #맞팔 등의 해시태그가 가장 많은 것으로 조사되었다(출처 : 건들닷컴).

인스타그램은 페이스북처럼 공유기능이 없다는 게 아쉽지만 자체의 매력으로 받아들여지고 있으며, 뚜렷한 타겟층과 비주얼적인 특징 그리고 해시태그를 통한 검색기능으로 개인·소상공인·대기업까지 누구나 관심을 가질 만한 채널임에 분명하다.

여성 사용자를 잡아라

···▶

또 하나 인스타그램의 특징으로는 여성 사용자 수가 두드러진다는 점이다. 페이스북은 남성 75.1%, 여성 59.4%인데 비해 인스타그램은 남성 44%, 여성 59.7%로, 여성 이용자 수가 훨씬 많다(중복 선택 가능). 이처럼 인스타그램이 여성에게 더 친숙하게 다가간 것은 필터부터 쇼핑태그까지 여심을 저격하는 기능들이 있었기 때문이다. 별도의 앱을 사용하지 않아도 예쁘게 셀카를 올릴 수 있고 다양한 쇼핑 정보를 한눈에 이미지로 확인할 수 있어 편의를 더해준다.

또한 인스타그램에서 이미지로 표현되는 대표적인 분야가 패션과 뷰티에 집중되어 있어 여성 사용자 수가 많다. 예쁜 것을 좋아하고 찍기 좋아하는 여성들에게 인스타그램은 최적화된 채널일 수밖에 없다. 그리고 이는 자연스럽게 인플루언서들의 영역으로도 확장된다. 인플루언서들 또한 패션과 뷰티 분야에서 두각을 나타내기에 여성이 압도적으로 많은 것이다. 미국 인플루언서 마케팅 업체의 데이터에 따르면 대다수 인플루언서들이 18~34세의 연령대에 집중되어 있다고 한다. 이것은 트렌드에 민감하게 반응하며 구매를 적극적으로 주도하고, 구매력 또한 여성이 높다는 점에서 인스타그램의 성장에 영향을 준 것이다.

3. 유튜브의 대항마 IGTV

동영상 플랫폼 춘추전국시대

...▶

최근 SNS의 트렌드를 이야기하자면 동영상 콘텐츠를 빼놓지 않을 수 없다. 세계 최대의 동영상 사이트 유튜브의 인기가 날이 갈수록 높아지며 100만명이 넘는 구독자를 보유한 1인 크리에이터들이 꾸준히 나오고 있다. 이제 10대들 사이에서 장래희망을 물으면 연예인이라고 답하는 시대는 지났다고 한다. 막대한 영향력을 자랑하는 1인 크리에이터를 꿈꾸는 10대들이 늘어나는 추세다. 이러한 시대의 흐름을 따라 인스타그램에서도 동영상 콘텐츠를 강화하려는 움직임을 보이고 있다.

인스타그램은 '갓튜브'라 불리우는 유튜브의 성장세를 저지할 비장의 무기로 IGTV 앱을 발표했다. 기존의 인스타그램이 '이미지' 중심이었다면 IGTV를 통해 인스타그램에서는 불가능했던 세로형의 장시간 동영

상을 게시하고 공유하는 것이 가능해졌다.

모바일로 동영상을 시청하는 시간이 늘어나고 있는 것과 1인 크리에이터들의 인기를 반영해 인스타그램은 IGTV로 비주얼 세대인 젊은 층의 브랜드 선호도를 보다 확실하게 가져올 수 있게 되었다.

IGTV(인스타그램TV)
····▶

인스타그램은 2018년 6월 독립형 동영상 공유 앱 IGTV를 선보였다. 이를 두고 모바일 콘텐츠 시장의 전문가들과 언론에서는 유튜브의 독재를 막으려는 서비스라고 입을 모았다.

기존의 인스타그램이 동영상 콘텐츠를 게시할 수 없었던 것은 아니지만 최장 1분이라는 시간적 제한과 스토리 기능이 가지는 휘발성 문제의 한계점을 보완하기 위해 IGTV 앱을 출시한 것이다. 물론 당장은 유튜브와 대적할만한 위치를 확보하는 것은 어렵겠지만 IGTV를 통해 1인 크리에이터들의 영입을 꾀할 수 있을 것으로 보인다. 더구나 새로 출시된 앱이라고 해도 인스타그램의 월간 사용자가 10억명을 넘어선 지금, 이들을 IGTV의 잠재고객으로 끌어들이는 데 유리한 접근성을 가지고 있기 때문이다. IGTV의 기능을 기존 인스타그램에서의 동영상 콘텐츠와 비교해 보자.

먼저 가장 눈에 띄는 점은 팔로워 보유 수와 공식 인증을 통해 최대 1시간(일반 계정은 10분)까지 긴 분량의 동영상을 게시하는 것이 가능해졌다. 이제 일상을 공유하는 동영상이 주를 이루었던 기존의 인스타그램에서 다양한 채널의 콘텐츠를 강화하는 동영상을 공유하는 것이 가능해졌다고 볼 수 있다. 이것이 유튜브에서와 같이 1인 크리에이터들의 등장을 기대하는 요소이다.

다음으로 주목할 만한 것은 IGTV에서는 세로 방향에 최적화된 영상을 게시할 수 있다는 점이다. 일반적으로 우리는 휴대폰을 이용할 때 세로로 드는 것에 익숙하다. 이처럼 평소 스마트폰을 사용하는 자세로 영상을 보면 더 높은 공감대를 형성한다고 한다. 미국의 SNS 스냅챗에서 실험한 결과 사용자들은 세로 화면으로 제작된 동영상 광고의 경우 끝까지 볼 확률이 9배 더 높다고 한다. 이러한 이용자 중심의 설계로 세로 방향으로도 전체 화면을 이용한 동영상 시청을 가능하게 한 것이다. 이는 유튜브의 동영상 콘텐츠를 휴대폰으로 시청할 때 전체 화면을 보기 위해 휴대폰을 가로로 보아야 하는 것과 대조되어 큰 특징으로 다가온다.

또한 IGTV 앱을 여는 즉시 동영상 재생이 가능하다는 점에서 많은 이용자들의 선호도를 높이고 있다. 일반적으로 동영상을 시청하면서 다른 화면을 띄웠을 때 재생되던 영상이 멈추는 것과는 비교된다.

1인 크리에이터의 새로운 놀이터, IGTV

···▶

이제 인스타그램은 IGTV라는 별도의 채널을 통해 아프리카TV의 인기 BJ들이 유튜브로 이동했던 것과 마찬가지로 1인 크리에이터들의 IGTV 채널 개설을 기대하고 있다. 그동안 유튜브에서 1인 크리에이터들에게 광고에 대한 규제를 까다롭게 규정하여 영상을 제작하는 데에 자유롭지 못했던 이들의 이동에 불을 붙일 수 있을지 전 세계가 주목하고 있다.

현재 IGTV는 새로 생긴지 얼마 안 되어 수익형 모델이 아닌 사용자들의 참여 유발에 집중하고 있어 광고가 없다. 하지만 인스타그램은 IGTV 출시 행사에서 "광고는 창작자가 콘텐츠로 생계를 유지할 수 있는 방법"이라며 IGTV를 수익모델로 전환할 것임을 암시했다. 실제 유튜브에서 인기있는 1인 크리에이터들이 어마어마한 수익을 벌어들이고 있고 이는 창작자들에게 확실한 동기부여가 된다는 점에서 1인 크리에이터들이 자유롭게 콘텐츠를 만들 수 있도록 하겠다고 한 인스타그램이 IGTV

를 통해 어떠한 성과를 거둘지 기대를 모으는 바다.

2019년에도 쇼핑태그, IGTV 등의 서비스에 업그레이드를 계속적으로 시도하는 인스타그램의 성장세는 멈추지 않을 것으로 보인다. 이제 그 성장이 얼마나 고공행진할지 전 세계의 사용자들이 또 한 번의 진화된 서비스를 기대하고 있다.

4. 다각화되는 인스타그램의 기능 및 서비스

비즈니스계정을 200% 활용하라

....▸

최근 인스타그램을 비즈니스계정으로 전환하여 운영하는 사례가 늘고 있다. 그도 그럴 것이 비즈니스계정을 활용하면 일반 개인계정과 비교하여 활용가능한 기능이 매우 다양해지기 때문이다. 비즈니스계정에 대한 거부감 혹은 광고계정이라는 인식이 인스타그램에서는 많지 않다는 사실에서도 비즈니스계정으로 변경하는 데에 망설일 이유가 전혀 없다. 현재 인스타그램은 전 세계 8억개의 활동계정 중 80% 이상이 비즈니스계정을 팔로우하고 있으며, 2억명 이상이 매일 하나 이상의 비즈니스계정 프로필을 방문한다고 밝혔다. 이것은 사용자들 대부분이 브랜드에 대한 정보를 얻기 위해 인스타그램을 통한 검색을 적극적으로 한다는 것을 말해준다. 이러한 흐름에 따라 현재 인스타그램의 비즈니스계정은 2,500만을 돌파했다고 한다.

특히 개인계정의 경우 비즈니스계정으로 바꾸어 사용해도 전혀 문제
될 것이 없고, 표시가 나지 않기 때문에 비즈니스계정의 활용도는 점점
더 높아질 것으로 예상된다.

〈인스타그램의 비즈니스계정〉

비즈니스계정을 사용하면 기본적으로 프로필 아래에 '전화하기',
'SMS 보내기', '이메일 주소' '찾아가는 길' 등을 설정할 수 있는데, 이는
고객들에게 접근성을 더욱 높여준다. 터치 한 번으로 서비스에 대해 문
의를 하거나 예약 등을 간편하게 해결할 수 있어 별도의 기업 홈페이지
를 개설하지 않아도 인스타그램을 통해 비즈니스가 가능하다. 국내에서

는 비즈니스계정을 통해 전화하기 또는 길 찾기, 통계 보기, 스폰서 광고 만들기 용도로 많이 쓰이고 있다.

비즈니스계정의 가장 큰 특징은 본인이 올린 게시물과 스토리에 관련한 인사이트를 확인할 수 있다는 점이다. 이는 자신의 계정에 방문한 사람들의 통계적 수치를 한눈에 보여줌으로써 마케팅을 보다 효과적으로 할 수 있도록 돕는다. 비즈니스계정의 프로필 상단에 있는 그래프 모양의 아이콘을 클릭하면 인사이트를 볼 수 있는데, 내 프로필에 방문한 계정의 수와 각 게시물과 스토리의 노출 횟수, 도달 횟수(노출되어 실제 조회한 횟수)에 대한 통계 정보를 알 수 있다. 또한 비즈니스 프로필에 등록되어 있는 웹사이트 링크를 클릭한 횟수도 확인이 가능한데, 이는 인스타그램을 통해 실제 쇼핑몰 사이트로 유입되는 계정의 횟수를 의미하여 인스타그램 마케팅의 효율성을 따져볼 수 있다. 이외에도 비즈니스계정에 유입된 사용자의 지역과 성별, 연령대 등의 통계 정보를 확인할 수 있어 타겟 설정이 제대로 이루어지고 있는지도 살펴볼 수 있다.

비즈니스계정을 사용하면 인스타그램에서 직접적으로 광고도 가능하다. 홍보하고 싶은 콘텐츠를 선택하여 타겟 고객을 설정할 수 있는데, 이때 성별·지역·연령·관심사 등은 인사이트를 참고하면 더욱 효과적으로 설정이 가능하다. 그리고 예산과 광고 기간을 정해 타겟 고객에게 비즈니스계정을 노출시킴으로써 브랜드를 알리고 유입을 늘릴 수 있어 유용하다.

이러한 이유 때문에 2019년에는 비즈니스계정의 천하가 될 것으로 예상된다. 비즈니스계정으로 전환할 이유가 너무나 충분하기 때문이다.

쇼핑태그 샵, 선택이 아닌 필수다

····▶

인스타그램의 계정을 비즈니스계정으로 바꿔야 하는 가장 큰 이유는 인스타그램에 새롭게 추가된 쇼핑태그 샵 기능 때문이다. 쇼핑태그 샵 기능을 이용하면 원클릭으로 구매가능한 페이지로 연결해 준다. 아직까지 수수료를 받고 있지 않기 때문에 인스타그램에서 절대적으로 자리잡을 기능일 수밖에 없다.

2018년 6월에 이 기능이 출시된 후 많은 업체들이 샵 기능을 사용하기 위해 제품을 등록하고 마케팅으로 활용하기 위한 준비를 하고 있다. 2019년에는 대부분의 업체들이 이 기능을 활용하여 인스타그램 마케팅을 할 것으로 예상된다.

예전의 온라인 쇼핑은 대부분 가격 경쟁 위주의 검색을 통한 소셜커머스 시장이 활발했었지만 이제는 SNS를 통해 제품 후기 및 입소문 마케팅이 실현되고 있다. 그렇다 보니 SNS 쇼핑 분야에서 인스타그램의 쇼핑태그 샵 기능의 도입은 또 한 번의 비약적인 진화라고 할 수 있다. 마케팅과 동시에 세일즈가 가능해지면서 인스타그램을 통해 상업적인 활동을 하려는 모든 사람들이 이 기능에 주목하고 있는 것이다. 기존의 SNS 채널이 마케팅의 도구로는 사용되었지만 세일즈로 연결되는 데에는 한계를 지닐 수밖에 없었다. 고작해야 SNS 채널에 쇼핑몰 링크를 추가하여 구매를 유도하는 데에서 그쳤을 뿐이다.

예를 들어 보자. 소비자가 여성의류를 판매하는 인스타그램 계정에서 우연히 피드를 보다가 마음에 드는 원피스를 발견했다고 가정해 보

자. 원피스를 발견한 소비자는 원피스에 대한 상세한 정보가 궁금해진다. 정보를 보기 위해서는 다시 판매자의 프로필로 돌아가 웹사이트 주소 링크를 클릭해야 한다. 또는 DM(쪽지)을 보내 구매링크 등 구매방법에 대해 문의해야 한다. 소비자의 입장에서는 제품 구매를 하는 데 있어 번거로움이 발생하는 것이다. 우리나라 사람들처럼 빠르게 무언가가 결정되는 성격의 커머스시장에서 이렇게 여러 단계를 거친다는 것은 고객을 잃을 확률이 높아지는 것이기에 인스타그램에서 제품을 판매하는 것이 쉽지 않았다.

그러나 이제 쇼핑태그 샵 기능의 도입으로 소비자들은 보다 편리한

〈인스타그램 쇼핑태그 샵〉

쇼핑이 가능해졌다. 쇼핑백 아이콘이 있는 게시물에서 터치 한 번으로 제품의 정보와 가격을 확인할 수 있고, 구매할 수 있는 페이지로 바로 이동이 가능해졌기 때문이다.

이는 기존의 웹사이트 링크를 통해 쇼핑몰 홍보를 해오던 것과는 달리 쇼핑에 고객 편의성을 더함으로써 비즈니스 측면에서 상당한 발전을 가져왔다. 국내 도입 이전에 해외에서 먼저 실시된 쇼핑태그 샵 기능은 그 성과를 입증해 보였는데, 미국의 유아의류 전문 브랜드인 SpearmintLove는 이 기능의 도입으로 트래픽이 25% 가량 증가하고 수익 면에서도 8%의 성장을 거두었다고 한다.

쇼핑태그 샵 기능을 이용하기 위해서는 먼저 비즈니스계정으로 전환을 하고 인스타그램에 이미지를 올릴 때 제품태그 기능을 통해 제품에 태그를 걸어야 한다. 이때 페이스북 페이지에 연동해 샵 카테고리에서 카탈로그에 제품을 먼저 등록해야 한다.

페이스북에서 설정과 제품 등록을 마치면 자동으로 심사를 거쳐 인스타그램에 제품을 태그할 수 있는 기능이 생긴다. 그리고 인스타그램에서 쇼핑태그를 등록하면 게시물 상단에 작은 쇼핑백 아이콘이 보이며, 이 아이콘이 첨부된 게시물을 터치하면 제품명과 가격 정보를 확인할 수 있다. 그리고 게시물 하단에 결제를 유도하는 '웹사이트에서 보기' 버튼을 통해 해당 브랜드의 쇼핑몰로 연결된다.

또한 고객들은 상품 상세설명 페이지에서 유사 게시물과 해당 게시물에 태그된 다른 연관상품까지 확인이 가능하다. 또한 샵 버튼을 통해 해당 브랜드의 게시물 중 쇼핑태그된 게시물만 확인하는 것도 가능해 이용자의 입장에서도 일반 쇼핑몰의 기능과 동일한 편의성을 제공하고 있다.

그리고 비즈니스계정 사용자는 쇼핑태그된 게시물의 인사이트를 확인하는 것이 가능하다. 게시물 하단의 '인사이트 보기'를 클릭하면 제품의 조회 수와 구매링크 클릭 수를 확인할 수 있어 마케팅의 중요 지표로 활용할 수 있다.

SNS 마케팅의 효과는 세일즈와 동시에 이루어질 때 가장 크게 나타나는 것이다. 쇼핑태그 샵 기능은 현재 패션·뷰티 분야에서 두각을 나타내고 있다. 하지만 쇼핑태그가 가능한 영역은 이에 한정되지 않고 전자상거래를 통해 판매가능한 모든 제품과 서비스를 대상으로 하기 때문에 앞으로의 발전 가능성이 높다. 관심 정보를 얻는 채널을 넘어 적극적이고 즉흥적인 구매를 직접 유도하는 인스타그램의 쇼핑태그 샵 기능은 우리나라에서도 e-커머스 시장의 성장을 촉진하는 요소가 되기에 충분해 보인다.

스토리

····▶

인스타그램이 지금의 인기 SNS 채널로 자리잡은 데에는 사진을 예쁘게 남기고 싶어하는 유저들의 특성을 포착한 데에 있다. 창업자 케빈 시스트롬은 여자친구와 여행 중 사진을 예쁘게 찍어달라는 여자친구의 요구에 포토샵 없이도 사진을 예쁘게 찍어 바로 공유할 수 있는 필터 기능을 고안했다. 이 기능은 사람들을 인스타그램에 열광하게 만들었고 출시 1년 여만에 1,000만 명이 넘는 가입자를 확보할 수 있었다.

이후 인스타그램은 사람들이 사진 또는 동영상을 간편하면서도 예쁘게 올릴 수 있는 기능들을 출시하며 주목을 받고 있다. 그 중 젊은 세대에게 사랑받고 있는 '스토리'라는 기능이 있다.

인스타그램의 스토리는 이용자가 올리는 사진이나 영상이 24시간 동안만 게재되고 이후에는 삭제되는 기능으로, 다른 SNS와는 차별화된 기능이다. 피드의 상단에 위치하며 자신이 팔로우하고 있는 사람들의 스토리만 보여준다. 스토리는 사용자가 촬영한 영상 또는 사진에 손글씨를 넣거나 타이핑을 하는 것이 가능하며, 색상 및 굵기 조절도 가능하다. 그리고 편집된 화면에 필터를 설정할 수도 있어 다양한 글을 쓸 수 있고, 스토리에 글을 올리면 하이라이트 기능도 사용할 수 있다. 여기에 더해 얼굴에 다양한 효과를 줄 수 있는 스티커, 배경음악 기능 등을 추가하여 10~20대를 공략하는 데 성공했다.

또 하나의 특징은 스토리에 방문한 사람을 확인할 수 있다는 것이다. 눈동자 모양의 숫자는 이 글을 확인한 사람의 숫자를 나타내며, 보통의 피드글에서는 방문자를 확인할 수 없지만 스토리에서는 게시물을 위로 밀면 방문자 리스트를 확인할 수 있다. 또 스토리에 댓글을 달면 쪽지로 전달이 된다.

스토리는 서비스 시작 두 달만에 사용자가 1억 명을 넘었고, 2017년 4월 2억 명을 돌파했다. 2018년 6월을 기점으로 4억 명을 넘어서는 등 2년만에 이용자가 4배나 늘었다. 이는 전 세계 22억 명이 넘게 쓰는 페이스북 계정과 연동할 수 있다는 점도 주효했다.

〈인스타그램의 스토리 기능〉

사실 인스타그램의 스토리와 같은 휘발성 메시지 공유기능은 원래 미국 10대가 주 이용층인 스냅챗의 인기기능이었다. 이 기능을 인스타그램이 모방했지만, 여러 가지 다양한 기능의 추가와 페이스북과의 연동으로 스냅챗 이상의 인기를 끌고 있다. 특히 텍스트 모드를 활용하여 사진 촬영 없이도 나만의 콘텐츠를 만들 수 있어 글로 전하는 감성에 익숙한 유저들에게도 인기가 있다.

라이브방송을 진행하여 스토리에 올리는 것도 가능하다. 최근 영상 콘텐츠의 이용량이 증가하면서 라이브방송의 활용도 높아지고 있다. 라이브방송을 스토리에 저장하면 24시간 동안 저장되어 생방송을 놓쳤더라도 라이브와 동일한 화면으로 감상할 수 있다. 또한 댓글과 좋아요 등

인스타그램
스토리
새 기능 추가

메시지를 보내는 것도 가능해 해당 영상에 대한 느낌 혹은 생각을 친구와 함께 나눌 수 있다.

스토리 기능이 다양해지면서 비즈니스계정에서는 이를 활용한 마케팅이 두드러지게 나타나고 있다. 이 모지 슬라이더 스티커 기능은 친구들에게 궁금한 내용을 자유롭게 질문할 수 있는데, 이를 비즈니스에 활용하면 비용을 절감하면서 잠재고객의 의견을 보다 쉽게 파악하여 제품 혹은 서비스 제공에 반영할 수 있다. 또한 응답자의 평균적인 답변까지도 확인가능한 통계로 제공되어 마케팅 활용도가 다양하다.

일례로 스페인의 버거킹이 인스타그램의 스토리를 활용하여 고객들이 가장 선호하는 햄버거를 내놓았다. 스토리에 선택지를 제시하여 질문함으로써 고객들이 먹고 싶은 햄버거의 속재료를 직접 선택하게 하

〈버거킹 인스타 와퍼〉

고, 이 결과를 가지고 가장 많은 사람들이 좋아하는 고기 패티와 치즈, 베이컨이 두 배로 들어간 와퍼를 '인스타 와퍼'라고 이름지어 한시적으로 판매하기도 했다. 이러한 특별한 프로모션은 45,000명의 사용자를 스토리에 참여시키며 5,000명 이상의 사용자를 증가시키는 효과를 가져왔다. 이처럼 소통에 즐거움을 더해주는 인스타그램의 '스토리'는 꾸준히 인기를 끌 것이다.

5. 2019 인스타그램 트렌드 예측

인스타그램이 전 분야를 아우르는 플랫폼으로 진화하고 있다. 인스타그램은 최근 여러 가지 서비스를 전방위적으로 확대하며 영향력을 넓히고 있다. 쇼핑기능, 라이브방송, 비즈니스계정, 스토리, IGTV 어느 분야 하나 빠지지 않고 선방하고 있으며, 이용자들의 기대 또한 크다.

요즘 젊은 세대들은 맛집을 선정하는 데 있어 음식만으로 그 기준을 삼지 않는다. 음식 사진 외에도 사람들이 관심을 가질만한 요소들을 콘텐츠 안에 담아야 한다. 요리, 인테리어, 조명, 소품, 플레이팅 등등 신경 쓸 게 너무나 많아졌다. 맛집만 그런 것이 아니다. 사진으로 표현되는 대부분의 업종은 일단 이러한 부분을 충분히 충족시켜야 되는 업종으로 변화하고 있다. 시대가 변했다. 받아들여야 산다.

2019년 주목해야 할 해시태그

....▶

이러한 변화 속에서 2019년에 주목해야 할 인스타그램의 해시태그는 무엇이 있을까?

#셀프와 #추천, 이 두 가지 해시태그를 주목해야 한다. 이 바탕에는 셀플루언서라는 단어가 있다. 1인 크리에이터와 1인 인플루언서들의 영향력이 커진 시대의 흐름이 반영된 것이다. 예전에는 네이버의 블로거를 통한 일방향적인 소통과 추천이 있었다면 이제는 SNS, 라이브방송 등 여러 가지 플랫폼으로 개인의 색깔을 뚜렷하게 나타내고 영향력을 행사한다.

> 셀플루언서란 셀프와 인플루언서가 결합된 신조어다. 즉, 자신의 추천이 곧 트렌드라는 것을 보여주고 영향력을 끼치고 싶어 하는 이들을 뜻한다.

그렇다 보니 인스타그램에서 진행하는 이벤트에 대한 기대가 높게 나타나고 있다. #득템이라던지 #대박이라는 개념의 프로모션이나 이벤트를 진행한다면 상당히 좋은 결과를 만들어 낼 수 있을 것이다.

IG쇼핑

....▶

인스타그램에서 별도의 쇼핑앱 'IG쇼핑'을 개발하여 서비스를 시작할 것으로 보인다. 최근 미국의 IT 전문매체 'The Verge'는 인스타그램이 사용자가 팔로우하고 있는 브랜드의 제품을 살펴보고 앱 내에서 직접 상품 구입까지 가능하도록 하는 앱을 개발 중이라고 보도했다.

아직 인스타그램에서 구체적인 출시 시점을 밝히지 않았지만 쇼핑 기능에 중점을 두고 업그레이드를 계속해 온 것으로 보아 조만간 출시되리라 예상된다. IG쇼핑이 도입되면 제품 판매자들은 월 10억명 이상이

사용하는 인스타그램을 등에 업고 쇼핑 콘텐츠로 막대한 수익을 얻을 수 있을 것이라 기대하고 있다. 이 IG쇼핑 여부에 따라 모바일 커머스 시장의 판도가 흔들릴 것이다.

〈IG쇼핑〉

콘텐츠로 승부하는 인스타그램

····▶

사실 얼마 전까지만 해도 우리나라의 개인·기관·기업에서 가장 선호했던 채널은 블로그임에 틀림없었다. 하지만 지금은 너도나도 인스타그램에 관심이 많다.

왜 이런 현상이 일어났을까? 우선 블로그는 네이버 검색엔진에 대한 영향을 너무 많이 받는다. 내가 아무리 좋은 콘텐츠를 올리더라도 그 기

준은 소비자가 아니라 네이버가 결정한다. 외부요인에 내 마케팅의 생사가 달려있다 보니 여간 힘든 채널이 아닐 수 없다. 하지만 인스타그램은 다르다. 콘텐츠로 승부해야 한다. 검색어에 대한 결과물이 팔로워와의 관계에 따른 순서대로 나열되어 일률적으로 순위가 정해지는 경쟁이 필요없다. 그렇다 보니 순위경쟁보다는 사회관계망서비스답게 서로의 피드에 공감을 나누고 얼마만큼의 소통을 나누었냐 하는 것이 중요한 포인트가 된다.

인스타그램이 관심을 가질 수밖에 없는 요소는 이외에도 꽤 많다. 인스타그램은 사용자 중심의 플랫폼으로, 소비자와 광고주 모두를 만족시키는 서비스를 지속적으로 잘 만들어내고 있다. 스토리 기능의 출시 때도 그랬고, 쇼핑기능도 그랬다. 그 외에 1:1쪽지(DM)에 대한 부분도 계속적으로 업데이트되고 있다. 특별히 지속적인 확인과 응대가 필요한 메시지는 따로 표시를 달아 중요 메시지를 쉽게 알아볼 수 있는 기능을 도입했으며, 자주 문의가 들어오는 질문에는 신속하게 응대가능한 간편응답(Quick Replies) 기능도 테스트 중이다.

DM과 주문하기 버튼

····▶

인스타그램은 소통을 간편하게 하는 메시지 기능뿐만 아니라, 비즈니스 프로필 화면에서 바로 예약하거나 주문을 할 수 있는 행동유도 버튼도 도입했다.

미국 텍사스의 유명 레스토랑 테이크홈스테이트는 온라인 음식 주문 앱인 차우나우와 파트너십을 맺고 인스타그램 내에 '주문하기' 버튼을 통해 음식을 바로 주문할 수 있도록 했다.

〈인스타그램의 예약하기와 주문하기〉

아직까지 우리나라에서 이 기능의 활성화 여부는 미지수지만, 인스타그램이 비즈니스를 하는 사람들에게 최적의 공간을 만들기 위해 지속적인 노력을 하고 있다는 것에는 공감할 수밖에 없다.

이러한 노력들로 인해 대기업뿐만 아니라 골목시장의 작은 가게도 동등한 기회를 제공받을 수 있어 인스타그램은 개인부터 시작해 상업적인 활동을 하는 누구나에게 마케팅 채널로 인기몰이를 하고 있는 것이다.

인스타그램 마켓 피해 증가, 신고의무 및 협찬광고 규제 강화

···▶

최근 대형마트 제품을 자사 상품으로 속여 판 '미미쿠키 사건' 등과 같은 일들이 생기기 시작하자 사람들은 SNS 제품에 대해 불안해 하기 시작했다. 특히 인스타그램과 같은 SNS 마켓은 소비자가 구매했다는 기록을 찾기가 어렵고, 별도로 공지하지 않는 한 판매자의 연락처나 메일 주소도 알 수 없다. 따라서 구매자들은 교환·환불이 필요한 경우 DM이나 댓글로 연락할 수밖에 없는데, 이때 쪽지를 지우거나 게시글의 댓글을 삭제하는 경우 법적으로 보호받을 수 있는 방법이 쉽지 않다.

사람들은 왜 인스타 속 '팔이피플'에게 몰려가나

또 2018년 9월 공정거래위원회가 SNS의 인플루언서 마케팅의 협찬광고 행위를 조사하겠다고 밝혔다. 우선적인 조상대상은 인스타그램에서 활동하는 인플루언서들이다. 과거에도 블로그가 대세였던 시절 공정위에서는 파워블로거의 협찬광고 행위를 조사했었는데, 이제 SNS가 대세로 떠오르고 영향력을 끼치는 개인 인플루언서가 나타나면서 그 조사 범위가 SNS로 확장되고 있는 것이다.

최근 1인미디어가 많아지고 인기를 얻기 시작하면서 많은 팔로워를 확보한 개인들이 나타났다. 그리고 기업에서는 이러한 개인들이 하는 홍보가 연예인보다 광고 느낌이 나지 않아 더 효과를 얻다 보니 인플루언서 마케팅이 인기를 끌었다. 하지만 광고 대가를 받고 광고가 아닌 듯하게 올리거나 사용하지도 않은 제품을 사용해 본 것처럼 홍보하는 것은 허위 과장광고가 될 수 있다. 이러한 광고가 많아지면서 공정위는 이러한 부분을 조사한다고 밝힌 것이다.

우선 예전에 블로그에서 먼저 진행했던 선례(2014년 '추천·보증 등에 관한 표시·광고 심사지침')를 보면 블로그 등에 대가를 받고 추천글을 올리면 해당 블로그 글 안에 경제적 대가, 현금, 상품권, 수수료 등 구체적인 표현을 반드시 포함하도록 했다. 그리고 이 지침을 SNS에도 똑같이 적용시켜 인스타그램부터 대대적인 조사를 시작하고, 행정 여력을 감안해 페이스북과 유튜브 등 다른 SNS 사례는 추후 조사하기로 했다. 따라서 이제 SNS도 이러한 선례가 생긴 만큼 앞으로 SNS에 대한 광고는 공정위에서 지속적으로 모니터링할 것이니 대비가 필요하다.

참고로 인스타그램은 매체일 뿐이기 때문에 직접 조사대상은 아니며, 인플루언서도 제재 대상이 아니다. 광고를 의뢰한 광고주만 처벌대상이 되며, 조사를 통해 적발되면 광고주는 시정명령·과징금 등의 제재가 이루어진다. 따라서 인스타그램에서 협찬광고를 생각하고 있거나 홍보 및 판매를 하려는 개인 및 단체, 기업이라면 이와 같은 내용을 유의깊게 지켜봐야 할 것이다.

1. 유튜브, 대한민국을 사로잡다

유튜브 대세가 가속화되고 있다

···▶

우리나라를 '동영상에 중독'시킨 채널 유튜브(YouTube)는 구글이 운영하는 동영상 공유 서비스다. 당신(You)과 브라운관(Tube)이라는 단어의 합성어로, 사용자가 동영상을 업로드하고 시청하며 공유할 수 있도록 만든 동영상 플랫폼이다. 2005년 2월 서비스를 시작했으며, 2006년 16억 5,000만달러에 구글에 인수되었지만 2008년까지는 특별한 수익모델이 없었다. 하지만 2008년 11월부터 동영상 앞에 프리뷰 광고를 시작하며 2009년부터 수익을 내기 시작했다. 그리고 2018년 현재 유튜브는 1,600억달러(180조원)의 기업가치를 지닌 동영상 플랫폼의 최강자가 되었다.

2016년까지 국내 동영상 서비스의 대세는 '아프리카TV'였는데, 당시까지는 국내 인터넷 개인방송의 대부분을 잠식하고 있었다. 물론 당시 유튜브도 동영상 서비스로서 많은 유저를 확보하고 있었지만 실시간 방송 기능을 도입하기 전이었고, 이때까지 아프리카TV의 점유율은 독보적이었다. 하지만

〈유튜브〉

2016년 11월 말 유튜브가 실시간 스트리밍 방송을 시작하면서 조금씩 아프리카TV의 BJ들이 유튜브로 갈아타는 현상이 발생하더니 급기야 유명 BJ인 대도서관, 윰댕 등이 2016년 말 유튜브로의 완전 전향을 선언했다. 이후 뷰튜버로 유명한 씬님, 먹방의 밴쯔, 마인크래프트의 도티까지 아프리카TV의 유명 BJ들이 거의 대부분 유튜브로 넘어오게 되면서 유튜브는 2017년부터 국내 개인방송 플랫폼으로 급부상하게 되었고, 실시간 스트리밍 서비스의 제공과 함께 폭발적인 성장세를 누리게 되었다.

　2017년 초반의 유튜브 채널들은 아프리카TV에서 넘어온 BJ들을 중심으로 많은 유저를 모을 수 있었는데 2018년에도 그 기세는 사그러들 줄 모르고 다양한 신규 채널이 늘어나면서 채널의 내용과 콘텐츠의 종류 또한 다양해졌다.

시장조사 전문기업 엠브레인이 2018년 6월 27일부터 7월 2일까지 19~59세의 유튜브 이용자 1,000명을 대상으로 조사한 결과에 따르면 42.8%가 일평균 1시간 이상 유튜브를 본다고 응답했고, 이중 20대가 61.6%로 가장 많았다. 유튜브 앱의 월간 순사용자 수(MAU)는 2,924만 명으로 1인당 월 882분을 사용하고 월 126회를 이용하며 1회 실행당 7분 정도의 동영상을 시청하고 있었다.

유튜브를 이용하는 이유는 48.9%가 '다양한 유형의 콘텐츠'를 꼽았으며, 전문가들이 제작한 콘텐츠(36.5%)보다 개인 영상제작자가 만든 콘텐츠(55.9%)를 선호하는 것으로 나타났다. 그 중에서도 개인 제작자가 만든 특정 분야에 대한 정보를 제공하는 콘텐츠(62.5%)가 가장 많았고, 다양한 콘텐츠의 영향으로 이미 유튜브는 기존 미디어 채널을 대체하고 있다는데 59.9%가 동의했다.

이는 비단 우리나라만의 이야기가 아니다. 유튜브는 전 세계적으로 10억명 이상이 사용 중이고, 인터넷 인구의 95%가 자신이 사용하는 언어(총 76개의 언어)로 유튜브를 이용할 수 있으며 매일 유튜브에서 수억 시간 분량의 동영상을 보고 있다.

대한민국에서 가장 오래 사용하는 앱 1위, 유튜브

···▶

유튜브는 우리나라의 거의 모든 연령대에서 독보적인 사용시간을 장악하며, 한국에서 가장 오래 사용하는 앱 1위를 차지하고 있다. 유튜브는 2016년 3월에는 79억분으로 카카오톡 189억분, 네이버 109억분보다 사용시간이 작았지만 지난 2년간 지속적으로 사용시간이 증가해 2017년 8월부터 한국에서 가장 오래 사용하는 앱이 되었다. 특히 10~40대는 앱 중에서 유튜브를 가장 오래 사용했고, 50대 이상에서도 유튜브가 카카오톡과 거의 차이가 없는 2위를 차지했다. 이러한 통계를 보면 10대들이 유튜브를 칭하는 '갓튜브'라는 말을 인정하지 않을 수 없는 것이 현실이다.

10대들의 성지가 된 유튜브
···▶

우리나라에서 유튜버의 핵심고객은 바로 10대와 20대이다. 특히 10대들에게 유튜브는 단순히 동영상 서비스를 보고 즐기는 곳이 아니라 이미 그들의 문화가 되었다. 어려서부터 모바일과 동영상 콘텐츠에 지속적으로 노출된 아이들에게 유튜브는 어른들의 네이버와 다음과 같은 포털 역할을 하고 있는 것이다.

밖에서 뛰어 놀다가 마음에 드는 동영상을 찍었다면 즉시 그 자리에서 본인의 채널에 동영상을 업로드하고, 이 영상에 학교의 한 반 전체가 실시간으로 댓글을 달면서 마치 카카오톡처럼 사용한다. 또 이들은 궁금한 것이 있으면 네이버가 아닌 유튜브를 통해 검색한다. 이미 10대들에게 유튜브는 네이버와 다음과 같은 통합 포털이 된 것이다.

이 책을 읽는 독자가 30대 이상이라면 유튜브에 영상을 하나 올리는 데도 심혈을 기울이겠지만 이미 10대들에게는 카카오톡으로 톡을 하듯이 손쉽게 유튜브에서 동영상을 다루고 있다. 또 포털에서 운영하는 네이버TV 등의 동영상 플랫폼은 어린 아이들이 동영상을 올리기 위해 거쳐야 하는 절차가 많지만 유튜브는 가입절차도 복잡하지 않아 손쉽게 동영상을 촬영한 후 채널을 만들고 동영상을 업로드할 수 있다. 어른들의 세상에서는 카카오톡으로 대화를 할지 몰라도 10대들에게는 유튜브가 카카오톡의 역할을 하는 것이다.

X세대, Y세대를 거쳐 동영상 콘텐츠를 보면서 자라난 지금의 세대를 세계는 Z세대(Z Generation)라고 부르고 있다. 유튜브는 이러한 Z세대를 공략하고 있으며, 이미 젊은 세대들은 유튜브에서 하루하루를 보내고 있다.

20대는 유튜브와 1인방송 매니아

····▶

10대가 아닌 20대도 마찬가지이다. 최근 대학생들의 생활앱인 에브리타임에서 대학생 2,570명을 대상으로 조사한 결과에 따르면 가장 많이 사용하는 동영상 서비스로 유튜브(67.2%, 1,689명)를 꼽았으며, 하루 평균 시청시간은 2.26시간이었다. 또 1인방송을 시청한 경험이 있는 대학생은 86.6%(2,176명)이며, 이 중 1위는 당연히 유튜브(92%, 2,001명)였다. 그 뒤를 이어서 트위치(13.2%), 페이스북(9.6%)으로 나타났으며, 아프리카TV는 5위에 그쳤다. 이는 아프리카TV에서 확실하게 유튜브로 1인방송이 이동했음을 보여준다. 또한 동영상을 보며 광고 제품에 대한 구매 경험이 있는 학생은 17.6%(442명)로 제품 구매에 대한 결정에도 유튜브가 많은 영향을 미치고 있는 것으로 나타났다.

주로 보는 동영상 장르 1위는 드라마와 예능 51.1%(1,284명), 2위는 음악 45.8%(1,151명), 3위는 유머 및 코믹 장르 37.8%(949명) 순으로 나타났다.

대학생들
유튜브·1인방송
본다

중년층의 지속적인 유입

...▸

유튜브가 청소년층만으로만 확대되고 있는 것일까? 결코 그렇지 않다. 아이들을 위한 콘텐츠 못지 않게 5060세대의 성인들을 위한 콘텐츠도 날이 갈수록 확장되고 있다. 이미 TV 뉴스의 콘텐츠는 생방송이 끝나고 나면 즉시 유튜브에 올라오기 시작했으며 각종 언론들도 유튜브에서 방송을 선점하기 위해 치열하게 경쟁하고 있다.

한국언론재단의 미디어연구센터에서 발표한 '유튜브 이용실태 조사'에 따르면 10~20대가 아닌 50~60대의 유튜브 시청도 50대가 72.3%, 60대가 67.1%로 상당히 높게 나타났다. 이것은 이제 50~60대도 스마트폰의 사용 및 유튜브 앱의 사용법에 익숙해졌기 때문이라고 해석할 수 있다. 이처럼 이제는 50~60대들도 적극적으로 스마트폰을 활용하고 있으며 유튜브를 통해 동영상 콘텐츠를 검색해 보는데 거리낌이 없어졌다고 볼 수 있다.

따라서 크리에이터라면 이러한 중장년층을 위한 콘텐츠 생산에도 관심을 가져볼 필요가 있다. 앞으로의 시대는 중장년층이 꾸준히 늘어나는 '실버시대'가 도래할 것이기 때문에 현재 30~40대가 20년 뒤에 50~60대가 되는 것을 생각한다면 이런 중장년층을 위한 콘텐츠의 생산이 갈수록 중요해질 것이다.

'갓튜브' 성인
10명 중 9명 이용

2. 다각화되는 유튜브의 기능 및 서비스

유튜브의 서비스는 너무나 숨겨져 있는 것이 많아서 우리가 미처 눈치채지 못하는 부분들이 많다. 또 우리나라에는 제공하지 않는 서비스들도 상당히 많다. 유튜브의 모토가 이러한 서비스들은 사용하는 도중에 자연스럽게 시청자가 알아챌 수 있도록 하는 것이지만 때로는 어떠한 부분에 변화가 있었는지 모를 정도로 유튜브 인터페이스가 자연스럽게 변경되기도 한다.

아마 지금 소개하는 유튜브의 서비스들을 처음 접하는 분들도 상당수 있을 것이다. 계속해서 새로워지고 있는 유튜브의 서비스 및 기능에 대해 알아보자. 다음에 나오는 서비스들은 PC의 유튜브 사이트를 기준으로 오른쪽 상단에 있는 9개의 박스 버튼을 클릭하면 볼 수 있다.

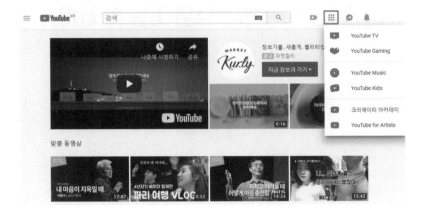

유튜브 TV

···▶

유튜브 TV는 미국에서만 실시하는 서비스다. 흔히 우리가 말하는 실
시간TV의 기능을 하며, 국내에서는 케이블TV를 셋톱박스 없이 보는

POOQ의 실시간TV를 생각하면 된다. 월 40달러에 실시간으로 케이블 방송을 볼 수 있는데, 아직은 채널 수가 부족한 편이다.

유튜브 게이밍

····▶

게임 동영상을 전문으로 모아둔 채널이다. 일반 PC 게임부터 비디오 콘솔게임의 최신 영상까지 다양한 게임 동영상이 제공된다. 1인 게임방송도 이 채널에서 실시간 스트리밍 방식으로 바로 볼 수 있다. 대도서관이나 도티TV의 방송도 이곳에서 볼 수 있으며, 실시간 스트리밍 탭이 별도로 있어 지금 현재 실시간으로 방송 중인 게임 채널을 선택하여 곧바로 볼 수도 있다.

유튜브 뮤직

...▶

유튜브 뮤직은 애플뮤직이나 멜론과 같은 음악서비스이다. 하지만 멜론이나 애플뮤직과 다른 점은 가수들의 앨범과 같이 스튜디오에서 녹음한 '스튜디오 사운드'가 아닌 주로 뮤직비디오나 일반 편집영상의 음원 형태라는 것이다(최근에는 앨범 형태의 '스튜디오 사운드'도 올라오기 시작했다). 이런 부분에 있어서는 호불호가 갈릴 수 있으나 멜론이나 애플뮤직에서 들을 수 없는 다양한 뮤지션들의 음원을 들을 수 있다는 점이 큰 장점이다. 유튜브 뮤직은 프리미엄 서비스 사용시에 기본적으로 광고 없이 들을 수 있기 때문에 유튜브 앱 사용시 백그라운드로 유튜브에 올라와 있는 음악을 들을 수 있다는 것도 장점이라고 할 수 있다.

유튜브 키즈

...▶

　유튜브 키즈는 뽀로로·핑크퐁 등 아이들을 위한 동영상만을 보여주는 전용채널로, PC가 아닌 앱에서만 사용할 수 있다. 유해 동영상 등을 차단할 수 있는 기능이 있기 때문에 부모들이 많이 이용한다. 유튜브 키즈에는 타이머 설정기능, 채널 선택기능 외에 검색을 차단하면 유튜브 키즈팀의 인증을 받은 채널에 한해서만 동영상을 볼 수 있는 검색차단 기능 등이 있다.

▶ YouTube Kids

탐색하고 학습하면서 재미도 느낄 수 있는 YouTube Kids의 세계

YouTube Kids를 사용하면 온 가족이 손쉽게 마음에 드는 프로그램을 보거나 상상력을 사로잡는 콘텐츠를 탐색할 수 있습니다. 사용 방법이 간단한 무료 서비스이며 온 가족이 즐길 수 있는 동영상들로 가득합니다.

YouTube Kids는 호기심 많은 아이들을 위한 서비스입니다.

유튜브 크리에이터

...▶

　유튜브 크리에이터는 유튜브 채널을 처음 만들었거나 이미 운영 중인 채널의 수준을 한 단계 더 향상시키고 싶은 유튜버를 위해 만들어진 기능이다. 크리에이터 아카데미를 통해 무료로 다양한 과정의 온라인 교육을 받을 수 있다.

유튜브 커뮤니티

···▶

유튜브 커뮤니티는 한마디로 말해 페이스북이나 네이버 블로그처럼 유튜브 채널에 게시글을 올릴 수 있는 기능이다. 하지만 10,000명 이상의 구독자를 가진 유튜버들만 사용할 수 있기 때문에 어느 정도 구독자수 및 인기 채널이 되어야 생성이 가능하다. 대도서관의 유튜브 채널을 보면 커뮤니티 탭이 있는데, 이를 통해 본인의 일상이나 채널 구독자들과의 소통을 할 수 있다.

홈   동영상   재생목록   커뮤니티   채널   정보   🔍

대도서관TV (buzzbean11) 1일 전
대도 예능 채널이 가오픈 했습니다! 첫 영상도 올라왔고 채널명 모집 이벤트 중이고 당첨되시는 분의 채널명
으로 변경하고 멋진 선물도 드릴 예정이니 구독과 댓글 부탁드려요!

#대도서관 #예능채널 #앞으로색다른모습보여드릴께요
자세히 보기

업로드한 동영상

유튜브 프리미엄

····▸

2016년 '유튜브 레드'라는 이름으로 서비스를 출시했던 '유튜브 프리미엄'은 한마디로 말하면 광고 없이 유튜브 동영상을 볼 수 있는 서비스이다. 또 유튜브 뮤직 사용시 백그라운드 기능을 통해 스마트폰의 화면을 끄거나 닫아도 음악이나 영상을 그대로 들을 수 있다. 유튜브 프리미엄에는 기본적으로 해외서비스인 구글 뮤직까지 포함되지만 구글 뮤직이 우리나라에서는 서비스가 되지 않아 사실상 광고를 보지 않는 유튜브라고 보면 좋을 듯하다.

최근 유튜브의 광고 트렌드는 '스킵하지 못하는 광고가 늘어나고 있

다'는 것이다. 보통 기존의 유튜브는 광고 영상이 5초 정도 지나면 스킵을 할 수 있는 버튼이 나오는 '트루뷰 인스트림' 광고가 많았는데 최근에는 15~20초 분량의 '스킵할 수 없는 광고'가 나온다. 하지만 한 달에 7,900원의 비용을 내는 유튜브 프리미엄 서비스에 가입하면 유튜브의 광고를 보지 않고 유튜브 동영상 서비스를 마음껏 사용할 수 있게 된다.

유튜브 크리에이터를 위한 저작권 확인 기능

····▶

유튜브는 2018년 7월 '유튜브 저작권매치(The Copyright Match) 도구'를 런칭했다. 이는 날이 갈수록 심해지는 유튜브 크리에이터들의 콘텐츠 저작권 침해를 방지하기 위한 조치로, 크리에이터가 제작한 콘텐츠가 다른 채널에 도용되고 있는지를 자동으로 알려주는 기능이다. 유튜브에서는 콘텐츠가 등록되었을 때 내 콘텐츠가 다른 영상의 저작권을

The Copyright Match Tool in action

⭐ Create and upload your video to YouTube
⭐ We'll let you know when we find copies of your content
⭐ Review matches and take action

▶ YouTube

위배하는 경우에 자동으로 알려주는 기능을 가지고 있었는데, 이제는 크리에이터들이 자체적으로 그것을 판단할 수 있도록 저작권매치 기능을 추가한 것이다.

유튜브에 동영상을 업데이트하게 되면 유튜브에 업로드된 다른 동영상을 자동으로 스캔하여 동일하거나 유사한 동영상이 있는지 검색한다. 그리고 이때 등록한 동영상이 타인이 먼저 올린 동영상과 동일한 경우에는 당연히 등록을 할 수 없을 것이고, 만약 내가 올린 동영상을 누군가 복제하거나 약간만 변형하여 올린다고 하더라도 저작권에 대한 보호를 유튜브에 신청할 수 있다.

지금까지 유튜브 크리에이터를 위한 콘텐츠 저작권 보호가 수동적인 방식이었다면 이제는 적극적으로 본인의 콘텐츠를 보호할 수 있도록 바뀐 것이다. 하지만 이 저작권매치 도구 역시 현재 10만 구독자 이상의 채널에만 우선 적용되고 있다.

3. 유튜브 인기채널 분석

블로터들이 만드는 미디어 '블로터'에서 〈요즘 유튜브에서 뭐보니? Ver.2〉를 통해 인기있는 354개의 유튜브 채널을 정리했는데, 우리가 알고 있는 기존 유명 유튜버부터 새롭게 떠오르는 인기 유튜브 채널

〈요즘 유튜브에서 뭐 보니?(출처 : 블로터)〉

까지 일목요연하게 볼 수 있었다.

그럼, 이 내용을 포함해 2018년 현재 우리나라 유
튜브의 주요 핵심 트렌드를 살펴보도록 하자.

"요즘 유튜브
에서 뭐 보니?"
ver.2

K-POP

···▶

전 세계 유튜브에서 상위권을 차지하고 있는 국내 채널들은 단연
K-POP 분야다. 2012년 〈강남스타일〉을 기점으로 글로벌하게 성장하
고 있는 K-POP은 방탄소년단(BTS)를 통해 또 한 번 세계시장에서
K-POP을 널리 알리는 쾌거를 이루었다. 특히 BTS의 〈Not Today〉나

Rank	Grade ⓘ	Username	Uploads	Subs	Video Views
1st	A	1theK (원더케이) ♫	12,967	12,963,745	10,694,582,403
2nd	A	ibighit ♫	277	17,002,997	3,464,487,021
3rd	A	SMTOWN ♫	3,284	15,754,180	11,648,130,994
4th	A	Boram Tube ToysReview [보람튜브... 💬	136	3,155,953	835,913,206
5th	A	Boram Tube Vlog [보람튜브... 💬	55	652,136	162,412,878
6th	A	Mnet Official 🖒	10,551	4,362,034	3,092,571,150
7th	A	Rainbow ToyTocToc ♀	206	2,549,027	622,566,357
8th	A	KBS World TV 🖒	32,180	7,414,749	5,240,042,123
9th	A	Mnet K-POP 🖒	12,967	8,070,037	4,448,325,784

〈MIC Drop〉의 경우 3억이 넘는 어마어마한 뷰를 자랑한다(참고로 2012년에 전 세계를 뒤흔들었던 싸이의 〈강남스타일〉은 2018년 현재 32억이 넘는 기록적인 뷰를 자랑하고 있다).

유튜브 순위 사이트 Socialblade를 보면 2018년 9월 현재 1위는 1theK이다. 1theK는 카카오M에서 운영하는 K-POP 가수들의 뮤비 홍보를 위한 사이트로, 다양한 가수들의 뮤비가 올라온다. 여기에는 BTS의 영상들 외에도 SMTOWN, jypentertainment 등 유명 기획사의 유튜브들이 상위권에 랭크되어 있다.

먹방

····▶

먹방 유튜브는 2018년 들어 상당히 변화가 생긴 분야로, '먹는 먹방'에서 '듣는 먹방'으로 바뀌고 있는 추세이다. 기존의 먹는 먹방은 단지 많이 먹고 맛있게 먹는 먹방만을 지향했다면 최근에는 먹는 소리를 중시하는 '사운드 먹방'으로 변하고 있다. 이것을 ASMR(Aautonomous Sensory Meridian Response)이라고 하는데, '자율감각 쾌락반응'을 말한다. ASMR 먹방들은 뇌를 자극해 심리적인 안정감을 주는 영상들이 주

유튜브 '먹방 ASMR' 봇물

를 이루는데, 많이 먹는 것을 추구하기보다는 최대한 먹을 때의 사운드에 집중해 촬영한다. 그러다 보니 ASMR 전용 마이크도 덩달아 판매가 상승하고 있다.

ASMR 사운드 먹방에 가장 잘 어울리는 음식은 중

국의 전통 간식거리인 탕후루나 구슬 아이스크림의 구슬 토핑 같은 팝핑보바 등이다. 먹방 유튜버로는 떵개떵, FRAN, 밴쯔, 엠브로 등이 유명하다.

최근에는 지나친 먹방 편향의 유튜브 때문에 먹방 유튜브를 법적으로 규제해야 한다는 소문도 무성한데 아직은 근거없는 이야기이며, 법적인 규제에 대해서도 현 시점에서는 결정된 것이 없는 듯하다.

게임&어린이

···▶

아프리카TV에서 유명해진 게임방송의 선두주자 대도서관을 필두로 많은 1인 게임방송이 생겨났다. 대도서관은 게임방송을 통해 많은 돈을 벌 수 있다는 것을 증명해 준 유튜버로, 2016년 아프리카TV에서 유튜브로 전향을 선언한 후 현재는 유튜브뿐만 아니라 다양한 방송에 출연하며 연예인 못지 않은 인기를 누리고 있다. 최근에는 본인의 경험을 책으로 엮어 출간하기도 했다.

게임 분야는 본인보다는 게임이 주인공이다 보니 게임을 얼마나 맛깔나게 설명하고 재치있게 방송을 하는지가 중요하다. 또 어떤 게임을 선택하는지도 게임방송의 인기에 있어 중요한 역할을 하기 때문에 가능한 한 이슈가 되는 최신 게임을 선택하여 방송해야 그만큼 시청자도 관심을 보인다. 게임 유튜버의 경우 해외에서는 천문학적인 수익을 벌어들이고 있는 반면, 국내에서는 몇몇 유튜버를 제외하고는 큰 소득을 올리지 못하고 있다.

유튜브의 성격상 성인층보다는 주로 유아와 청소년층이 많이 이용하다 보니 콘텐츠 역시 이들을 중심으로 집중되어 있다. 초통령이라 불리는 도티TV, 양띵 채널은 유아 및 초등학생들을 중심으로 폭발적인 인기를 누리고 있다. 도티TV의 경우 샌드박스네트워크스튜디오라는 회사를 운영하고 있으며 직원이 100명이나 될 정도로 기업형 채널로 발전한 사례이다. 또한 여전히 어린이 채널의 강자로 군림하는 캐리TV의 경우에도 중간에 캐리언니가 바뀌는 우여곡절이 있었지만 구독자 186만명 이상으로 건재한 운영을 보여주고 있다. 캐리TV는 최근 그 인기와 영향력을 인정받아 베트남까지 진출했다.

이처럼 게임과 어린이 채널은 앞으로도 여전히 인기채널들이 이끌어 갈 것으로 보여진다.

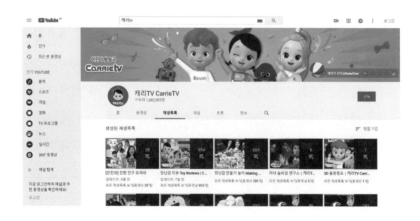

뉴스&미디어

···▶

언론 방송에 있어서도 유튜브의 영향력은 어마어마하다. 디지털마케팅 전문가집단 메조미디어에 따르면 유튜브의 2018년 상반기 매출액은 1,169억원으로, 249억원에 그친 네이버의 5배나 된다고 하니 그야말로 대세 플랫폼임을 여실히 보여주고 있다.

기존 공영방송에서 뉴스나 기사를 보던 사람들이 이제는 유튜브에서 뉴스나 정보를 먼저 접하고 있다 보니 언론사들이 홍보하는 가장 발빠른 뉴스는 일반 공영방송이 아니라 유튜브나 페이스북 같은 SNS 채널이 된지 오래이다. 이런 상황에서 기존 언론 및 미디어들이 유튜브를 무시할 수 없는 것은 당연한 것이다.

현재 뉴스와 미디어 채널들은 각자에 맞는 유튜브 활용을 고심하고 있다. 언론사 중에서 가장 많은 80만 구독자를 거느리고 있는 YTN은 다른 언론사가 관심을 가지지 않는 5년 전부터 유튜브에 주목해 꾸준히 콘텐츠를 쌓아왔으며, 현재 누적조회 수 20억뷰를 기록하는 등 언론사 중에서 선두를 달리고 있다. 그 외 SBS, MBC, JTBC 등 각 방송사 역시 뉴스 콘텐츠 및 시사 콘텐츠 등을 통해 유튜브 내에서 영향력을 확산시키기 위해 노력하고 있다. SBS의 경우 비디오머그와 스브스뉴스를 통해 차별화된 독자 브랜드를 키우고 있다. KBS의 경우 유튜브에 24시간 뉴스 서비스를 제공하며, 젊은 층을 끌어들이기 위해 'TV보다 리얼하게 케이야' 이름의 디지털 전용 콘텐츠를 개발하여 서비스하고 있다. MBC의 경우에도 지속적으로 자체 플랫폼 강화를 통해 유튜브 채널에 대한

영향력을 넓혀가고 있다.

이처럼 공용방송이나 미디어들은 유튜브 채널에 대해 전방위적으로 움직이고 있지만 우려의 목소리도 적지 않다.

첫 번째는 유튜브의 시장잠식 효과이다. 앞서도 언급했지만 최근에는 유튜브가 공식 언론 미디어보다 공신력 있는 채널로 자리잡아가고 있다. 그렇다 보니 유튜브에서는 진실에 대한 진위파악보다 실시간의 의미가 더 강해지고, 이로 인해 일반인들이 실시간으로 찍어 올린 검증되지 않은 뉴스(정보)들이 너무 많이 떠돌고 이용자들은 이런 뉴스를 사실로 받아들이며 믿게 된다. 이런 현상 때문에 각 방송사 및 언론들은 유튜브로 인해 방송시장이 잠식되지 않을까 우려하고 있는 상황이다.

두 번째는 가짜뉴스다. 가짜뉴스는 유튜브 내에서도 심각한 문제로 부각된지 오래이다. 최근에는 '문재인 대통령의 건강 이상설', '故 노희찬 의원의 타살설' 등 말도 안 되는 사실을 그럴듯한 영상으로 꾸며 마치 사실인 것처럼 가짜뉴스가 올라오고 있다. 거기에 댓글 부대를 동원해 댓글로 선동하며 사실인 것처럼 분위기를 몰아가는 상황이지만 공식적으로 처벌할 수 있는 방법이 전무한 상태다. 유튜브는 네이버나 다음처럼 국내에서 서버를 운영하는 것이 아니라 모든 서버가 해외에 있기 때문에 정확한 물적 증거를 확보하기에도 어려움이 많다. 이런 가짜뉴스들은 흥미 위주의 정확하지 않은 주관적인 내용으로 여러 가지 이상한 정보들을 억측하고 조작하여 더 자극적이고 황당무계한 내용들로 꾸며 폭발적인 조회 수를 얻고 있으며, 동영상을 올린 이는 많은 광고수익을 얻고 있다. 지금도 유튜브에는 이런 출처를 알 수 없는 가짜뉴스가 오늘도 계속 올라오고 있지만 처벌을 할 수 있는 명확한 법적조치는 아직 이루어지지 않고 있는 상황이다.

유튜브 타고
가짜뉴스

지금까지 국내 유튜브의 최신 트렌드에 대해 간략하게 알아보았다. 많은 채널들을 모두 소개할 수 없어 큰 카테고리 위주로 일부만을 소개하다 보니 부족한 부분이 있을 수도 있다. 하지만 명확한 것은 지속적으로 변하는 유튜브 트렌드는 현재 우리나라의 트렌디한 문화를 대변해주고 있으며, 이러한 트렌드를 통해 미래의 유튜브 트렌드와 방향을 알 수 있다는 것이다.

4. 2019 유튜브 트렌드 예측

갈수록 까다로워지는 신규 크리에이터들의 수익창출

····▶

2018년 들어 유튜브 크리에이터들에게 아주 쇼킹한 소식이 날아들었다. 바로 유튜브 수익창출조건이 대대적으로 변경된 것이다. 2017년까지 유튜브 채널의 수익창출조건은 그다지 까다롭지 않았다. 국내에 유튜브가 소개되기 시작한 2013년 초기에는 유튜브가 유명하기 않았기 때문에 채널을 생성하고 애드센스 신청을 하면 즉시 수익창출을 할 수 있었다. 그러다 유튜브의 사용자 수가 점차 증가하면서 발생된 여러 가지 문제로 인해 유튜브가 크리에이터들의 수익창출에 제동을 걸기 시작했다.

2017년 상반기에 유튜브 채널의 수익창출조건이 '누적조회 수 1만 건'으로 상향조정되더니 2018년 9월에는 구독자 1,000명과 1년 동안

4,000시간 이상 재생으로 변경되었다. 구독자 1,000명은 빠르게 모을 수 있다 치더라도 1년 동안 4,000시간 재생은 1년간 꾸준히 유튜브를 운영하면서 재생시간이 4,000시간을 넘어야 한다는 것인데, 이것은 처음 유튜브를 시작하는 크리에이터들에게는 쉽지 않은 허들이 될 것임은 자명한 일이다. 그런데 이것이 끝이 아니라 구독자 1,000명, 1년간 4,000시간을 채우더라도 자동으로 내 채널이 수익창출이 되는 것이 아니라 이후 사람이 직접 채널을 심사해서 유튜브의 수익창출에 도움이 되는 채널이 아니라고 판단한다면 심사통과가 이루어지지 않는다는 것이다. 그리고 꾸준히 콘텐츠를 올린다고 하더라도 한 달 뒤 다시 심사를 받아야 하며, 재심사를 받는다고 해서 통과할 가능성도 확신할 수 없다. 결국 사용자에게 인기없는 비인기 채널은 심사통과를 받지 못할 가능성이 높다는 것이다.

유튜브 수익창출조건이 이렇게 까다로워진 것은 어떤 이유일까?

첫 번째는 '짜깁기 유튜버'의 등장이다. 2017년부터 유튜브 채널이 활성화되면서 굉장히 많은 유튜버들이 유입되었다. 그런데 그 채널들을 자세히 들여다 보면 온통 기존 저작권 콘텐츠들의 짜깁기 영상으로 구성되어 있다. TV드라마를 편집하여 자막만 넣은 영상, 영화의 일부분을 하이라이트식으로 만든 영상들이 바로 그것이다. 특히 증권가의 찌라시 같은 내용에 불과한 엉터리뉴스들을 영상으로 만들어 제공하는 근거없는 가짜뉴스가 판을 치게 되었는데, 이러한 영상들은 엄청난 조회 수를 자랑하며 제작자들에게 막대한 수익을 안겨주었다. 또 쇼핑몰에 나오는 선정적인 속옷 방송을 편집하여 올리는 유튜버까지 등장했다. 이러한 자극적인 채널에 많은 남성들이 몰리다 보니 이를 통해 수익을 얻는 사람들도 많이 나타나게 되었다. 물론 이것은 국내의 문제뿐만 아니라 전 세계적으로 유튜브의 사용자가 확대되면서 나타나는 현상이다. 이에 대해 심각성을 느끼게 된 유튜브는 2017년부터 수익창출조건을 까다롭게 만들어 이러한 짜깁기 유튜버들의 잘못된 수익창출을 막고 제대로 된 크리에이터들에게 수익이 돌아갈 수 있도록 노력하는 중이다.

두 번째는 대기업 광고주의 이탈현상 때문이다. 사실 앞에서 언급한 건강한 크리에이터들을 위한 수익창출조건 변경이라고 하지만 속내를 들여다 보면 유튜브의 수익화에 대한 전략이자 정책이라고 볼 수 있다. 짜깁기 유튜버가 많아지고 이러한 유튜버들이 수익을 많이 가져감에 따라 광고주들이 이탈하는 것을 막기 위한 유튜브의 정책 변화라고 할 수 있다. 유튜브가 점점 커짐에 따라 기존에는 유튜브에 광고를 송출하지 않던 대기업들도 관심을 보이기 시작했다. 네이버나 다음과 같은 통합 포털에만 광고를 제공하던 대기업들이 유튜브가 뜨기 시작하면서 유튜브에 광고를 송출하기 시작했다. 그런데 이러한 광고가 저작권 침해 영상들을 올리는 짜깁기 유튜버들의 채널에 송출되고 그들에게 수익이 돌아가다 보니 하나둘씩 다시 발길을 돌리는 대기업 광고주들이 많아졌다. 결국 유튜브도 이러한 짜깁기 유튜버들을 막고 대기업 광고주들을 다시 유치하기 위해 수익창출 정책도 까다롭게 변경한 것이다.

이러한 여러 가지 주변 상황들 때문에 피해를 보는 것은 결국 건강한 유튜브 크리에이터들이다. 특히 새롭게 유튜브에 진입하려는 신규 크리에이터들은 이미 높아진 수익창출 허들과 싸워야 하는 어려운 상황에

직면하게 되었다. 수익창출을 위해서는 최소 1년 이상을 운영해야 하며 설령 수익창출조건을 갖추었다고 해도 심사에 통과한다는 보장도 없기 때문에 유튜브에 신규로 들어오는 크리에이터들의 불만은 줄어들지 않을 것이다. 결국 유튜브 초기에 많은 구독자를 가지고 운영한 기존 크리에이터들이나 스타급 유튜버들만 유리한 정책이지 않느냐는 원성을 피해갈 수 없는 상황이 되었다.

유튜브로 흔들리는 포털, 네이버와 다음

····▶

최근 네이버의 한명숙 대표이사가 "유튜브는 동영상 분야의 경쟁자가 아닌 플랫폼 자체 경쟁자로 떠오르고 있다"고 말했다. 2017년까지만 해도 유튜브는 동영상 서비스를 제공하는 네이버TV의 경쟁자였다는 시각이 불과 1년만에 바뀌게 된 것이다. 이제 네이버나 카카오 등의 포털은 유튜브를 단순 동영상 서비스를 제공하는 사이트가 아닌 포털의 경쟁자로 바라보기 시작했다. 하지만 늦은 감이 있는 것도 사실이다.

네이버는 2018년 초 시행된 '블로썸데이'를 통해 네이버의 새로운 서비스들을 대량 공개했다. 특히 VLOG(브이로그) 시대에 맞는 동영상 서비스를 본격적으로 시작하겠다는 것이다. 하지만 이미 거대 공룡이 되어 버린 네이버가 유튜브 같은 전문적인 동영상 서비스 채널과 어떻게 경쟁할지는 뚜껑을 열어봐야 알 수 있을 것이다.

카카오가 운영하는 멜론은 유튜브 뮤직과 본격적인 경쟁을 하고 있

다. 최근 한국인터넷기업협회가 발표한 '모바일 이용행태보고서'에 따르면 음악감상시 주로 사용하는 앱으로 무려 75.4%의 응답자가 유튜브를 꼽았다. 멜론은 47.4%로 2위로 내려앉으며, 오랫동안 지켜온 토종 음악앱의 1위 자리를 안방에서 유튜브에게 내어준 것이다.

이렇듯 유튜브는 전방위로 기존 통합 포털들을 잔뜩 긴장시키고 있다. 사람들은 네이버TV에서 동영상을 보기보다는 유튜브에서 영상을 찾고, 음악을 듣기 위해 멜론을 찾기보다는 유튜브 앱으로 음악을 듣고 있다. 유튜브가 흡사 진공청소기처럼 기존 포털들의 유저를 흡수하고 있는 이러한 상황을 기존 통합 포털들이 눈뜨고 그냥 있을 리는 만무하다. 각종 새로운 서비스나 기능을 통해 기존 유저들을 돌려놓기 위해 추가 서비스 및 사이트 개선을 추진하고 있다. 2019년에는 이러한 신규 서비스들의 경쟁의 장이 될 전망이다. 점점 세를 늘려가는 유튜브와 기존 시장을 빼앗기지 않기 위해 새로운 혁신을 꾀하는 기존 포털들…. 다가오는 2019년은 유튜브와 기존 포털들의 경쟁이 더욱 극심해질 것으로 예상된다.

서서히 속내를 드러내는 유튜브의 광고정책

····▶

유튜브의 광고가 달라지고 있다. 좋은 의미보다는 좋지 않은 의미로 말이다. 일단 광고가 길어지고, 스킵할 수 없는 광고가 늘고 있다. 많은 유저가 유입되다 보니 자연스럽게 광고가 늘어나는 것은 인지상정이다. 하지만 최근 유튜브는 5초 후에 스킵 가능한 광고에서 스킵을 할 수 없는 15~20초 광고를 도입했고, 거기에 '슈퍼챗' 기능을 통해 1인 크리에이터들에게 막대한 수익을 안겨주도록 지속적으로 광고주 및 크리에이터들을 위한 정책을 강화하고 있다. 이러한 부분에서 유튜브의 구독자들은 서서히 불만을 가지기 시작했다.

물론 유튜브는 이러한 불만을 없애기 위해 유튜브 프리미엄과 같은 서비스를 신규 런칭했는데, 이러한 부분이 유료 사용자 전환 및 광고수익 확대에 열을 올리는 모습으로 비춰지기도 했다. 유튜브에서는 창작자 수익을 확대해 주기 위한 선택이라고 했으나 사용자의 입장에서는 기존보다 불편해진 것이 사실이다. 유튜브의 이러한 광고정책이 앞으로 이용자들에게 어떻게 평가받을지 관심있게 봐야 할 것이다.

유튜브에 빠진 대한민국, 2019년의 유튜브는?

⋯▸

이러한 여러 가지 상황에도 불구하고 유튜브의 성장세는 날이 갈수록 무섭다. 특히 10대들을 기반으로 무서운 성장을 보이고 있으며 동영상 플랫폼으로는 2등과 격차가 많이 나는 거대한 플랫폼으로 확고하게 포지셔닝을 했다.

이제 아이를 돌보는 일조차 유튜브가 없으면 안 된다. 카페를 가면 아이에게 유튜브를 틀어주고 본인은 지인과 차를 마시며 이야기하는 엄마나 아빠들의 모습은 이제 흔한 풍경이 되었다. 20대들은 1인 유튜브 방송을 보며 화장을 하고 먹방을 시청한다. 30~40대 남자들은 키덜트 영상을 보며 다음달에는 어떤 제품을 구매할지 고민을 한다. 이제는 50~60대까지 가세하여 유튜브의 채널을 키우고 있으니 그야말로 유튜브 천하, '갓튜브'라는 말이 전혀 어색하지 않다.

그렇다면 유튜브가 앞으로 어떻게 대한민국을 더 흔들어 놓을까? 개인의 일상을 넘어 문화로까지 발전하고 그 이상을 넘어 없어서는 안 되는 자연스러운 일부가 되어가고 있는 현실에서 2019년은, 아니 적어도 최소 3년간은 유튜브의 아성을 넘어서는 동영상 서비스 앱은 없을 것으로 예상된다. 그리고 국내의 대형 포털 등은 유튜브로 발길을 돌린 고객의 마음을 돌리기 위해 다양한 서비스들을 내놓을 것이다. 이미 포털사

이트 절대강자 네이버가 블로썸데이를 통해 VLOG를 선보이며 블로그
의 대대적인 업데이트를 예고한 상황이고, 다른 포털들도 유튜브에 대
항하여 속속 새로운 서비스들을 내놓고 있다. SNS에서는 인스타그램이
동영상 서비스인 IGTV를 선보였다.

2019년은 그야말로 동영상 서비스 분야에 일대 혼전이 예상된다. 앞
서는 자 유튜브와 따라잡을 자 국내 포털 및 SNS 서비스들의 피할 수
없는 한판승부가 2019년에 펼쳐질 것이다. 2019년, 유튜브와 경쟁자들
이 국내에 일으킬 또 다른 변화를 기대해 본다.

크리에이터의 시대
2019 SNS 트렌드를 읽다

초판 1쇄 발행   2018년 11월 20일
　　2쇄 발행   2019년   1월 10일

지은이   정진수
펴낸이   백광옥
펴낸곳   천그루숲
등 록   2016년 8월 24일 제25100-2016-000049호

주 소   (06990) 서울시 동작구 동작대로29길 119, 110-1201
전 화   0507-1418-0784   **팩스**   050-4022-0784   **카카오톡**   천그루숲
이메일   ilove784@gmail.com

인 쇄   예림인쇄 | **제 책**   바다제책

ISBN 979-11-88348-28-2 (13320) 종이책
ISBN 979-11-88348-29-9 (15320) 전자책

이 도서의 국립중앙도서관 출판예정도서목록(CIP)은 서지정보유통지원시스템 홈페이지(http://seoji.
nl.go.kr)와 국가자료공동목록시스템(http://www.nl.go.kr/kolisnet)에서 이용하실 수 있습니다.
(CIP제어번호 : CIP 2018036491)